전 세계 1,600만이 입증한
# 통문장 학습법

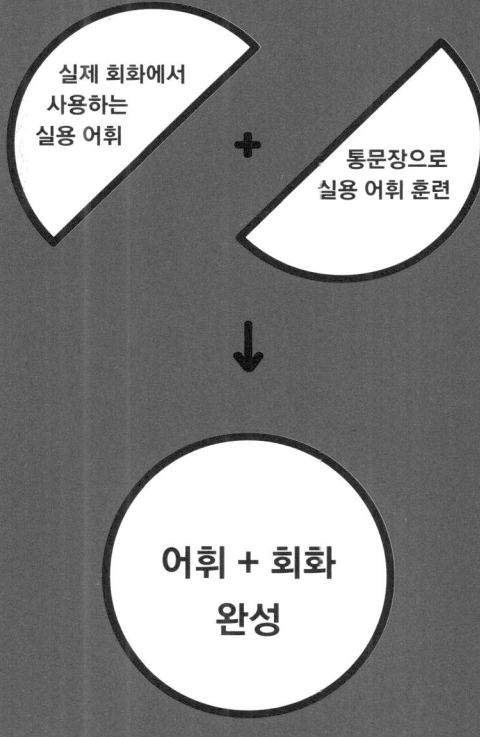

# ENGLISH
# 900

회화 잡는 영단어

YBM

# ENGLISH
# 900
회화 잡는 영단어

| | |
|---|---|
| **발행인** | 허문호 |
| **발행처** | YBM |
| **기획 및 편집** | 윤경림, 정윤영 |
| **마케팅** | 정연철, 박천산, 고영노, 김동진, 박찬경, 김윤하 |
| **표지 디자인** | 장선숙 |
| **내지 디자인** | 이미화, 김혜경 |
| **삽화** | 김서희 |
| **초판발행** | 2017년 9월 7일 |
| **7쇄발행** | 2024년 1월 2일 |
| **신고일자** | 1964년 3월 28일 |
| **신고번호** | 제 300-1964-3호 |
| **주소** | 서울시 종로구 종로 104 |
| **전화** | (02) 2000-0515 [구입 문의] / (02) 2000-0345 [내용 문의] |
| **팩스** | (02) 2285-1523 |
| **홈페이지** | www.ybmbooks.com |

ISBN 978-89-17-22780-2

English 900
Original edition ⓒ 1971 by Edwin Cornelius, Jr.

All rights reserved.
1st edition ⓒ 2014 by Joanne Cornelius and YBM
2nd edition ⓒ 2017 by Joanne Cornelius and YBM

All rights reserved. No part of this publication may be reproduced, stored in a retrieval system, or transmitted in any form or by any means, (electronic, mechanical, photocopying, recording, or otherwise) without the prior written permission of both of the copyright owner and the publisher of this book.

이 책의 저작권은 저자에게 있으며, 책의 제호 및 디자인에 대한 모든 권리는 출판사인 YBM에 있습니다.
서면에 의한 저자와 출판사의 허락 없이 내용의 일부 혹은 전부를 인용 및 복제하거나 발췌하는 것을 금합니다.
낙장 및 파본은 교환해 드립니다.
구입철회는 구매처 규정에 따라 교환 및 환불처리 됩니다.

ENGLISH 900

# 회화잡는 영단어

## 아직도 실생활에서 써먹지 못하는
## 단어만
## 외우고 계신 건 아닌가요?

단어를 많이 아는 것은 분명 영어 실력을 좌우하는 큰 힘이 됩니다. 시험을 보거나 독해를 할 때 특히 도움이 되죠. 하지만, 영어로 말을 하려고 하면 그 아는 단어들이 힘을 발휘하지 못하는 것이 우리나라 영어학습자들의 현실입니다.

영어회화 베스트셀러 ENGLISH 900 시리즈의 후속작 〈회화 잡는 영단어〉는 어휘력이 부족하여 말하기 능력이 향상되지 않는 학습자들, 또는 실제 회화에 바로 적용할 수 있는 어휘를 익히고자 하는 학습자들을 위해 탄생하였습니다.

초중급 회화에 꼭 필요한 어휘들을 주제별, 기능별로 분류하여, 총 30일 만에 마스터할 수 있도록 구성하였을 뿐 아니라, 유의어나 반의어, 파생어 등의 관련어들을 표제어와 함께 한눈에 볼 수 있도록 도표화하여 시각적 효과를 극대화하였습니다.

〈회화 잡는 영단어〉의 가장 큰 특징은 단어를 통문장 안에서 익힘으로써 말하기까지 되게 해주는 장치를 마련했다는 점입니다. 통문장을 따라 말하다 보면 영단어뿐 아니라, 회화 문장까지 저절로 암기되는 일석이조의 학습법이라 할 수 있죠.

단어만을 위한 단어 공부가 아닌, 말이 되게 해주는 〈회화 잡는 영단어〉의 획기적인 통문장 학습법으로 영단어를 정복해보세요!

YBM 편집국

## 차례

| 01 | 일상생활 | Everyday Life | 09 |
| 02 | 자기소개 · 가족소개 | Introductions | 15 |
| 03 | 취미 · 스포츠 | Hobbies and Sports | 21 |
| 04 | 쇼핑 | Shopping | 27 |
| 05 | 외식 | Eating Out | 33 |
| 06 | 요리 | Cooking | 39 |
| 07 | 주거생활 | Home | 45 |
| 08 | 영화 · 음악 | Movies and Music | 51 |
| 09 | 여행 | Travels | 57 |
| 10 | 감정 표현 | Feelings | 63 |
| 11 | 인체 · 생리현상 | Body and Physiological Phenomena | 69 |
| 12 | 건강 | Health | 75 |
| 13 | 병원 | Hospital | 81 |
| 14 | 교육 | Education | 87 |
| 15 | 직장생활 | At Work | 93 |
| 16 | 서비스 주고받기 | Services | 99 |
| 17 | 전화 · 이메일 · 우편 | Phone Calls, Emails and Letters | 105 |
| 18 | 매스미디어 · 인터넷 | Mass Media and Internet | 111 |
| 19 | 문화 · 유행 | Culture and Trends | 117 |
| 20 | 길안내 | Showing Directions | 123 |
| 21 | 교통 | Transportation | 129 |
| 22 | 날씨 | Weather | 135 |
| 23 | 자연 · 환경 | Nature and Environment | 141 |
| 24 | 계획 · 약속 | Making Plans and Appointments | 147 |
| 25 | 부탁 · 제안 · 조언 | Asking Favors, Suggesting and Advising | 153 |
| 26 | 의견 · 타협 | Giving Opinions and Persuading | 159 |
| 27 | 초대 · 방문 | Inviting and Visiting | 165 |
| 28 | 칭찬 · 축하 · 감사 | Praising, Congratulating and Appreciating | 171 |
| 29 | 사과 · 격려 · 위로 | Apologizing, Encouraging and Comforting | 177 |
| 30 | 소망 · 유감 · 불평 | Wishing, Regretting and Complaining | 183 |
| | Appendix 주제별 추가 어휘 | | 189 |

## 이 책의 구성 및 학습법

### 한눈에 배우는 영단어
각 Day별로 약 40개의 학습할 영단어를 먼저 소개합니다. 용례를 통해 각 단어의 쓰임을 확인하세요.

- **=** **동의어/유사어** 비슷한 의미의 단어
- **↔** **반의어** 반대의 의미를 갖는 단어
- **~** **파생어** 같은 어근을 갖는 단어
- **→** **관련어** 머릿속에 함께 떠오르는 단어 또는 자주 함께 쓰이는 단어

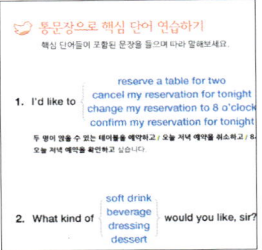

### 통문장으로 핵심 단어 연습하기
학습한 단어들을 통문장을 통해 본격적으로 연습해보는 단계입니다. 각 단어가 사용된 문장을 직접 말해봄으로써 확실히 내 것으로 만드세요.

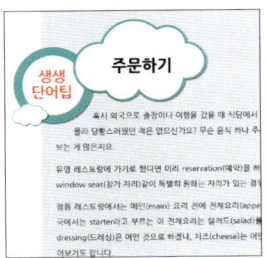

### 생생 단어팁
각 Day의 주제에 따라 알아두면 유익한 관련 어휘들이나 혼동하기 쉬운 어휘들을 재미있는 이야기로 풀어가는 코너입니다.

### 부록_주제별 추가 어휘 1,000개
본문에서 다루지 않은 1,000여 개의 추가 어휘들이 주제별로 소개됩니다. 부록을 통해 어휘 실력을 업그레이드해보세요.

 **학습 효과를 두 배로 높여주는 두 가지 버전의 MP3 파일**

〈버전 1〉 듣고 따라하면서 올바른 발음과 억양을 익혀보세요.
〈버전 2〉 우리말을 듣고 영어로 바꿔 말하는 연습을 해보세요.

**이 책의 특징**

### ENGLISH 900 시리즈
### 영단어편

〈회화 잡는 영단어〉는 ENGLISH 900 시리즈 중 하나로,
ENGLISH 900의 명성 그대로 말하기를 위한 영단어 책입니다.
ENGLISH 900 컨텐츠에서 엄선한 어휘와 문장들을 만나보세요.


### 단어만 있는 단어집은 가라!
### 회화까지 잡는 영단어 책

써먹지 못하는 단어 암기는 이제 그만!
〈회화 잡는 영단어〉는 수험용 단어책이 아닙니다.
초중급 회화에 꼭 필요한 어휘만 수록했습니다.


### 관련어까지 한눈에 보여주는
### 스마트한 구성

동의어나 파생어 등의 관련어를 한눈에 볼 수 있도록 구성하였습니다.
한번에 여러 개의 관련 어휘들을 기억할 수 있어요.


### ENGLISH 900 시리즈만의
### 통문장 학습법

학습한 단어들을 패턴식으로 통문장 안에 적용하여
말하기 연습을 하게 됩니다.
활용뿐 아니라 암기 효과까지 기대할 수 있어요.


### 부록의 추가 어휘까지
### 총 3,000단어 수록!

주제별로 1,000여 개의 어휘를 더 수록했습니다.
어휘 실력을 보다 업! 시키고 싶다면 부록의 어휘도 놓치지 마세요.

# DAY 01

**일상생활**
Everyday Life

웃기네~
니 여자친구는 안 그럴 줄 아냐?

# DAY 01  일상생활

##  한눈에 배우는 영단어

**wake up** (잠에서) 깨다
*wake up* early 일찍 깨다

= **get up** 일어나다
*get up* at noon 정오에 일어나다

**turn off** 끄다
*turn off* the alarm 알람을 끄다

↔ **turn on** 켜다
*turn on* the TV TV를 켜다

**feed** 음식[먹이]을 주다
*feed* the dog 개 먹이를 주다

~ **water** 물을 주다, 물
*water* the plants 화초에 물을 주다

**lock** 잠그다
*lock* the door 문을 잠그다

**shampoo** 샴푸로 감다, 샴푸
*shampoo* my hair 샴푸로 머리를 감다

~ **rinse** 헹구다, 씻어내다
*rinse* my hair 머리를 헹구다

**shower** 샤워
take a *shower* 샤워하다

= **bath** 목욕
take a *bath* 목욕하다

~ **bathe** 목욕하다
*bathe* after dinner 저녁 식사 후 목욕하다

**comb** 빗질하다, 빗
*comb* my hair 머리를 빗다

~ **brush** (솔로) 닦다, 솔
*brush* my teeth 이를 닦다

**dress** 옷을 입히다
get *dressed* 옷을 입다

**shave** 면도하다
*shave* my face 얼굴을 면도하다

**relax** 쉬다, 긴장을 늦추다
*relax* all day 하루 종일 쉬다

= **rest** 쉬다, 휴식
*rest* a while 잠깐 쉬다

## 통문장으로 핵심 단어 연습하기

핵심 단어들이 포함된 문장을 들으며 따라 말해보세요.

1. As soon as I wake up, I first { turn off the alarm / feed the dog / water the plants }.

   저는 깨자 마자, 우선 **알람을 꺼요** / **개 먹이를 줘요** / **화분에 물을 줘요**.

2. John went into the bathroom and { locked the door / shampooed his hair / rinsed his hair }.

   존은 욕실에 들어가 **문을 잠갔습니다** / **머리를 샴푸로 감았습니다** / **머리를 헹궜습니다**.

3. After { taking a shower / combing my hair / getting dressed / bathing }, I have breakfast.

   저는 **샤워를 한** / **머리를 빗은** / **옷을 입은** / **목욕을 한** 다음, 아침을 먹습니다.

4. After that, he { shaves / brushes his teeth / relaxes on the sofa }.

   그 이후에, 그는 **면도를 합니다** / **양치질을 합니다** / **소파에서 휴식을 취합니다**.

## 한눈에 배우는 영단어

**vacuum** 진공청소기로 청소하다
*vacuum* the floor 바닥을 진공청소기로 밀다

~

**sweep** 쓸다, 털다
*sweep* the floor 바닥을 쓸다

**garbage** 쓰레기
take out the *garbage* 쓰레기를 내놓다

=

**trash** 쓰레기
throw out the *trash* 쓰레기를 버리다

~

**dust** 먼지, 먼지를 털다
covered with *dust* 먼지로 뒤덮인

**fold** 개다, 접다
*fold* the laundry 빨래를 개다

**polish** 윤이 나게 닦다
*polish* the floor 바닥을 윤이 나게 닦다

**take off** 벗다
*Take off* your shoes. 신발을 벗어라.

**put on** 입다, 쓰다
*put on* a hat 모자를 쓰다

**set** 맞추다, 설치하다
*set* the alarm 알람을 맞추다

~

**go off** (알람 등이) 울리다
The alarm *went off*. 알람이 울렸다.

**exercise** 운동하다, 운동
*exercise* indoors 실내에서 운동하다

~

**jog** 조깅하다
*jog* in the park 공원에서 조깅하다

~

**walk** 산책하다, 산책시키다
*walk* the dog 개를 산책시키다

**hang out** 시간을 보내다, 어울려 놀다
*hang out* with friends 친구들과 어울려 놀다

**chat** 수다 떨다
*chat* with friends 친구들과 수다 떨다

=

**gossip** 잡담하다
*gossip* at work 직장에서 잡담하다

**laundry** 빨래
do the *laundry* 빨래하다

## 통문장으로 핵심 단어 연습하기

핵심 단어들이 포함된 문장을 들으며 따라 말해보세요.

1. What a mess! I need to { vacuum the floor / sweep the floor / take out the garbage / fold the blanket / polish the furniture }.

엉망이에요! 바닥을 진공청소기로 밀어야겠어요 / 바닥을 쓸어야겠어요 / 쓰레기를 내놔야겠어요 / 담요를 개야겠어요 / 가구에 광을 내야겠어요.

2. At bedtime, I { take off my clothes / put on my pajamas / set the alarm }.

잘 때, 나는 **옷을 벗습니다 / 파자마를 입습니다 / 알람을 맞춥니다**.

3. I like to { exercise in the gym / jog in the park / walk my dog } in the afternoon.

나는 오후에 **헬스클럽에서 운동하는 것 / 공원에서 조깅하는 것 / 개를 산책시키는 것**을 좋아해요.

4. I usually spend my weekend { hanging out with my friends / having a chat with my friends / doing the laundry }.

나는 주로 주말을 **친구들과 어울리며 / 친구들과 수다 떨며 / 빨래하며** 보내요.

## 생생 단어팁

## House chores

house chore라 하면 쓸고 닦고 하는 일상적인 집안일을 말합니다. 매일 해도 티도 별로 안 나고 피곤한 집안일들을 영어로는 뭐라고 표현할까요?

일반적으로 우선 '청소한다'고 하면 clean이라는 동사를 쓰면 되죠. clean the house(집을 청소하다), clean the room(방을 청소하다). 요즘은 주로 진공청소기로 청소하지만(vacuum), 빗자루(broom)로 바닥을 쓸기도 하죠(sweep). 학창시절에 바닥을 닦던 대걸레는 영어로 mop이라고 합니다. 동사로 쓰면 '대걸레질 하다'라는 뜻이죠. mop the floor라고 하면 '바닥을 대걸레로 닦는다'는 뜻입니다. 먼지는 dust라고 하는데요. 동사로도 쓰여, dust the shelves라고 하면 '선반의 먼지를 털다'는 뜻이 되죠.

물로 뭔가를 닦는 것은 wash를 쓰면 되는데요. 설거지를 하는 것은 wash the dishes 또는 do the dishes를 쓰기도 합니다. 빨래하는 것은 wash the clothes 또는 do the wash, do the laundry라고 표현합니다.

요리를 하고(cook) 상을 차리는 것(set the table)은 하루 여러 번 반복되는 chore 중 하나죠. 먹을 땐 행복하지만, 식사를 마치고 나면 식탁을 치우고(clear the table) 식탁을 닦아야 하는(wipe the table) 일이 있죠.

요즘은 쓰레기 버리는 일도 큰 일 중 하나가 되었습니다. 분류해야 할 쓰레기도 많고, 주거지에 따라 쓰레기 버리는 날도 정해져 있으니까요. 쓰레기를 잘 분류해서(sort the garbage), 잘 버리시기(take out the garbage / empty the garbage can) 바랍니다.

# DAY 02
## 자기소개 · 가족소개
Introductions

남동생이 여자친구를 집에 데리고 왔다.
시누이 일곱을 어찌 감당할라누...

# DAY 02 자기소개·가족소개

##  한눈에 배우는 영단어

**born** 태어난, 타고난
be *born* in America 미국에서 태어나다

**raise** 기르다, 양육하다 ~ **grow up** 자라다
be *raised* in the city 도시에서 자라다   *grow up* in the country 시골에서 자라다

**immigrate** 이주하다, 이민하다 → **immigrant** 이주민, 이민자
*immigrate* to the U.S.A. 미국으로 이주하다   illegal *immigrants* 불법 이민자들

**single** 미혼의 ↔ **married** 결혼한
be *single* 미혼이다   get *married* 결혼하다

↔ **engaged** 약혼한
get *engaged* 약혼하다

**only** 유일한
the *only* child 외동아이

**siblings** 형제자매 ~ **cousin** 사촌
have two *siblings* 형제자매가 둘이 있다   a baby *cousin* 어린 아기 사촌

**nephew** 남자 조카 ↔ **niece** 여자 조카
my little *nephew* 나의 어린 (남자) 조카   have a *niece* 여자 조카가 있다

**unemployed** 실직한 ↔ **employed** 고용된
become *unemployed* 실직하다   be *employed* 고용되다

~ **self-employed** 자영업의
be *self-employed* 자영업을 하다

**pilot** 조종사 ~ **flight attendant** 비행기 승무원
an experienced *pilot* 경력 있는 조종사   a new *flight attendant* 신입 비행기 승무원

16

##  통문장으로 핵심 단어 연습하기

핵심 단어들이 포함된 문장을 들으며 따라 말해보세요.

1. I { was born and raised in / grew up in / immigrated to } Canada.

   저는 **캐나다에서 태어나고 자랐습니다** / **캐나다에서 성장했어요** / **캐나다로 이민 갔습니다**.

2. I'm { single / married / engaged / the only child }.

   저는 **미혼입니다** / **결혼했습니다** / **약혼했습니다** / **외동입니다**.

3. I have { two siblings / a few cousins / three nephews / several nieces }, and they are still single.

   저는 **형제자매가 둘** / **사촌이 몇 명** / **남자조카가 3명** / **여자조카가 몇 명** 있는데, 그들은 아직 미혼입니다.

4. I'm { unemployed / self-employed / a pilot / a flight attendant }.

   저는 **실직상태입니다** / **자영업을 합니다** / **비행기 조종사입니다** / **승무원입니다**.

Day 02 | 자기소개・가족소개 **17**

 한눈에 배우는 영단어

**government** 정부
work for the *government* 정부를 위해 일하다

~ **public servant** 공무원
become a *public servant* 공무원이 되다

**run** 운영하다, 경영하다
*run* a coffee shop 커피숍을 운영하다

~ **own** 소유하다
*own* a store 가게를 소유하다

**career** 경력, 직업
find a *career* 직업을 찾다

**air force** 공군
an *air force* pilot 공군 조종사

~ **navy** 해군
a *navy* sailor 해군 병사

~ **army** 육군, 군대
join the *army* 입대하다

**skinny** 깡마른
a *skinny* model 깡마른 모델

= **slender** 날씬한, 가느다란
a *slender* girl 날씬한 여자

**secretary** 비서
an experienced *secretary* 경력 있는 비서

**lawyer** 변호사
a corporate *lawyer* 법인 고문 변호사

↔ **prosecutor** 검사
a chief *prosecutor* 부장 검사

**relative** 친척
have many *relatives* 친척이 많다

~ **step-** 의붓, 이복
have a *step*sister 이복자매가 있다

~ **in-law** 인척, 인척 관계의
a son-*in-law* 사위

**American** 미국의
an *American* friend 미국인 친구

~ **Canadian** 캐나다의
a *Canadian* couple 캐나다인 부부

**French** 프랑스의
a *French* company 프랑스 회사

~ **Swiss** 스위스의
a *Swiss* client 스위스인 의뢰인

**통문장으로 핵심 단어 연습하기**

핵심 단어들이 포함된 문장을 들으며 따라 말해보세요.

1. My father { works for the government / runs a restaurant / has a career in the air force / is tall and skinny }.

   저의 아버지는 **공무원이십니다 / 음식점을 경영하십니다 / 공군에 재직하신 적이 있습니다 / 키가 크고 마르셨습니다**.

2. My wife has worked as a { secretary / lawyer / public servant / prosecutor } for 10 years.

   저의 아내는 **비서로 / 변호사로 / 공무원으로 / 검사로** 10년간 일했습니다.

3. I have a { distant relative / stepsister / sister-in-law } who is living in the U.S.

   저는 미국에 살고 있는 **먼 친척이 / 이복자매가 / 시누이(또는 올케)가** 있습니다.

4. My son-in-law is from { the U.S / Canada / France }. He's { American / Canadian / French }.

   저의 사위는 **미국 / 캐나다 / 프랑스**에서 왔습니다. 그는 **미국인 / 캐나다인 / 프랑스인**입니다.

# Family

가족이란 우리 삶에 있어 빼 놓을 수 없는 정말 소중한 존재인데요. 가족(family)의 어원은 라틴어로 하인과 노예를 뜻하는 fumulus에서 왔답니다. 소중한 가족을 뜻하는 말이 하인이나 노예를 뜻하는 단어에서 왔다니, 참 놀랍죠?

고대 로마 시대는 가부장적인 사회였기 때문에 가장이 자신의 가족 구성원을 매매하는 것은 물론 생사도 결정할 수 있었답니다. 한 남성의 아내와 자녀는 그 남자의 소유물이었고, 소유의 범위가 하인과 노예로까지 확장되면서, 가부장이 부양해야 할 모든 존재, '식솔'이라는 개념으로 노예와 하인을 뜻하던 fumulus가 사용되게 된 것이랍니다. fumulus는 중세 시대에 들어와 한 집안을 의미하는 famile로 발전하게 되고, 후에 오늘날의 family가 된 것이죠.

알고 보면 간단한 가족 구성원의 명칭을 family tree로 알아 볼까요?

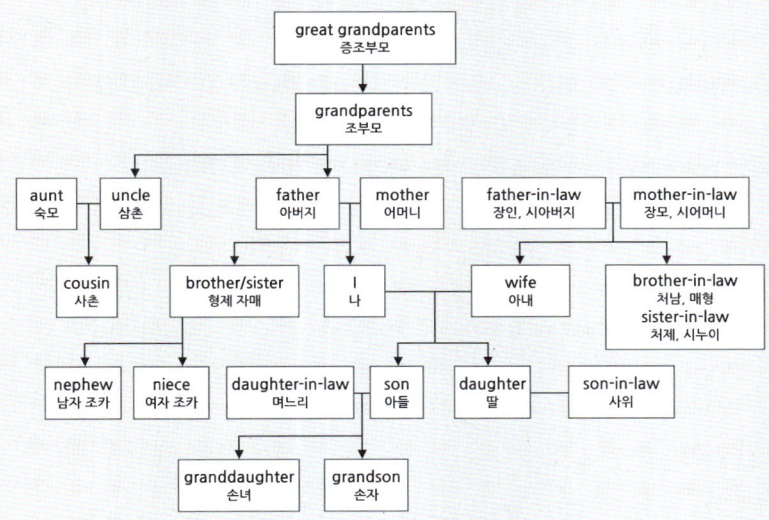

# DAY 03
## 취미·스포츠
Hobbies & Sports

# DAY 03 취미·스포츠

##  한눈에 배우는 영단어

**fun** 재미
for *fun* 재미로

~

**leisure** 여가
enjoy *leisure* 여가를 즐기다

**relaxation** 휴식
time for *relaxation* 휴식을 위한 시간

**spare** 여분의, 남는
a *spare* key 여분의 키

**hobby** 취미
as a *hobby* 취미로서

=

**pastime** 여가, 소일거리
a weekend *pastime* 주말 소일거리

**paint** (그림물감으로) 그리다, 칠하다
*paint* portraits 초상화를 그리다

=

**draw** 그리다
*draw* cartoons 만화를 그리다

**fishing** 낚시
I love *fishing*. 나는 낚시를 매우 좋아한다.

**work out** 운동하다
*work out* at a gym 체육관에서 운동하다

**collecting** 수집, 채집
stamp *collecting* 우표 수집

→

**collection** 수집품, 소장품
his private *collection* 그의 개인 소장품

**knitting** 뜨개질
a *knitting* needle 뜨개 바늘

~

**yarn** 털실, 뜨개실
a ball of *yarn* 실 한뭉치

**appreciate** 감상하다
*appreciate* artworks 미술품을 감상하다

~

**enjoy** 즐기다
*enjoy* good music 좋은 음악을 즐겨 듣다

**pottery** 도자기
make *pottery* 도자기를 만들다

=

**ceramics** 도자기류, 도예
collect *ceramics* 도자기를 수집하다

##  통문장으로 핵심 단어 연습하기

핵심 단어들이 포함된 문장을 들으며 따라 말해보세요.

**1.** What do you do { for fun / for relaxation / in your spare time / in your leisure time } ?

재미로 / 휴식을 취하고 싶을 때 / 한가할 때 / 여가시간에 무엇을 하세요?

**2.** Learning foreign languages is just my { hobby / pastime }.

외국어를 배우는 것은 그저 저의 **취미예요 / 여가활동이에요**.

**3.** When I have free time, I like to { paint pictures / go fishing / work out at the gym }.

저는 시간 날 때, **그림 그리는 걸 / 낚시 가는 걸 / 헬스클럽에서 운동하는 걸** 좋아해요.

**4.** I think { coin collecting / knitting / appreciating artworks / making pottery } is an interesting hobby.

**동전 수집 / 뜨개질 / 예술작품 감상 / 도자기 만드는 것**은 재미있는 취미 같아요.

## 한눈에 배우는 영단어

**jump rope** 줄넘기하다
*jump rope* for exercise 운동으로 줄넘기하다

~ **hula-hoop** 훌라후프
spin *hula-hoops* 훌라후프를 돌리다

**sit-up** 윗몸 일으키기
do *sit-ups* 윗몸 일으키기 하다

~ **push-up** 팔 굽혀 펴기
do *push-ups* 팔 굽혀 펴기 하다

**chin-up** 턱걸이
do *chin-ups* 턱걸이 하다

~ **weight** 역기
lift *weights* 역기를 들다

**warm-up** 준비운동
do *warm-up* exercises 준비운동을 하다

⇔ **cool-down** 정리운동
do *cool-down* stretches 정리 체조를 하다

**treadmill** 런닝머신
run on a *treadmill* 런닝머신에서 뛰다

= **exercise bike** 런닝머신
buy an *exercise bike* 런닝머신을 사다

**baseball** 야구
*baseball* rules 야구 규칙

~ **soccer** 축구
*soccer* shoes 축구화

**boxing** 권투
a *boxing* match 권투 시합

→ **boxer** 권투 선수
a heavyweight *boxer* 헤비급 권투 선수

**snowboarding** 스노보드 타기
go *snowboarding* 스노보드 타러 가다

~ **skiing** 스키 타기
go *skiing* 스키 타러 가다

**horseback riding** 승마
go *horseback riding* 승마를 하러 가다

**win** 이기다, 우승하다
*win* a contest 대회에서 우승하다

⇔ **lose** 지다
*lose* a match 시합에서 지다

~ **tie** 무승부
end in a *tie* 무승부로 끝나다

**score** 점수
get the highest *score* 최고 점수를 받다

= **record** 기록
break a *record* 기록을 깨다

통문장으로 핵심 단어 연습하기

핵심 단어들이 포함된 문장을 들으며 따라 말해보세요.

1. He always { jumps rope / does sit-ups / does push-ups / does chin-ups } in the morning.

   그는 항상 아침에 **줄넘기** / **윗몸 일으키기** / **팔 굽혀 펴기** / **턱걸이**를 합니다.

2. When he goes to the gym, he { first does warm-up exercises / lifts weights / runs on a treadmill }.

   그는 헬스클럽에 가면, **우선 준비운동을 합니다** / **역기를 듭니다** / **런닝머신에서 뜁니다**.

3. { Baseball / Boxing / Snowboarding / Horseback riding } is my favorite sport. What's your favorite?

   **야구** / **권투** / **스노보드** / **승마**는 제가 좋아하는 스포츠예요. 당신은 뭘 좋아해요?

4. { We won the game / We lost the game / The game ended in a tie / We got our highest score } last night.

   어젯밤 **우리가 경기에서 이겼어요** / **우리가 경기에서 졌어요** / **그 경기는 무승부로 끝났어요** / **우리가 최고 점수를 기록했어요**.

## 생생 단어팁

## Golf

PGA(Professional Golfers' Association)나 LPGA(Ladies Professional Golf Association)와 같은 큰 대회에서 우승하는 우리나라 골프 선수들이 많아지면서 자연스레 골프(golf)에 대한 관심도 높아졌죠?

골프는 한 마디로 수백 미터 전방에 있는 홀(hole) 안에 공을 넣는 게임으로, 주로 18홀 플레이하는 것을 1라운드라고 합니다. 수백 미터나 떨어져 있는 홀에 한 번 공을 쳐서 넣을 수는 없겠죠? 그래서 기준 타수(par)라는 것이 있으며, par에는 par 3, par 4, par 5 등 세 종류가 있습니다. 규정 타수보다 많은 타수를 오버 파(over par), 규정 타수보다 적은 타수를 언더 파(under par)라고 합니다.

타수에 따라 특이하게도 새 이름을 붙이는데요. 기준 타수보다 1타 적으면 버디(birdie), 2타 적으면 이글(eagle), 3타 적으면 알바트로스(albatross)라고 부릅니다. 더 적은 타수일수록 더 큰 새의 이름을 붙이는 것이 재미있죠. albatross는 길이가 거의 1미터에 이르는 거대한 새라고 하네요. 그런데, 늘 기준 타수보다 적은 타수만 칠 수는 없겠죠? 기준 타수보다 1타 더 치는 것은 보기(bogey), 2타 더 치는 것은 더블 보기(double bogey), 3타 더 치는 것은 트리플 보기(triple bogey)라고 부른답니다.

홀인원(hole in one)이라는 말도 많이 들어보셨을 텐데요, 티(tee: 첫 타구 때 공을 얹어 놓고 치는 자리)에서 한 번 쳐서 공이 홀에 들어가는 것을 hole in one이라고 합니다. 홀인원은 평생 한 번 있을까 말까 한 행운이라고 하네요.

이외에도 골프 경기 중계를 보다 보면 벙커(bunker: 웅덩이)라든지, 워터해저드(water hazard: 개울, 연못), 갤러리(gallery: 골프 관중)라는 말도 자주 듣게 되는데요. 이와 같은 용어를 알고 있다면 좀 더 재미있게 골프를 즐길 수 있겠죠?

# DAY 04

## 쇼핑
Shopping

나도 내가 답답해... T.T
누가 대신 골라주면 좋겠어

# DAY 04  쇼핑

##  한눈에 배우는 영단어

| | | |
|---|---|---|
| **pay** 지불하다<br>*pay* for clothes 옷값을 지불하다 | ~ | **purchase** 구입하다, 구입, 구매<br>*purchase* a new car 새 차를 구입하다 |
| **credit card** 신용카드<br>get a *credit card* 신용카드를 발급 받다 | ~ | **debit card** 직불카드<br>use a *debit card* 직불카드를 사용하다 |
| **cash** 현금<br>*cash* only 현금만 | ~ | **check** 수표<br>a traveler's *check* 여행자 수표 |
| **on sale** 세일 중인<br>clothes *on sale* 세일 중인 옷 | = | **on markdown** 가격 인하 중<br>items *on markdown* 가격 인하 중인 물건들 |
| | ~ | **clearance sale** 재고 정리 세일<br>at a *clearance sale* 재고 정리 세일 중 |
| **discounted** 할인된<br>*discounted* price 할인된 가격 | = | **reduced** 할인된<br>*reduced* fare 할인 요금 |
| **sold out** 다 팔린<br>*sold out* in a day 하루만에 매진된 | = | **out of stock** 재고가 없는<br>run *out of stock* 동이 나다 |
| | ↔ | **in stock** 재고가 있는<br>clothes *in stock* 재고가 있는 옷 |
| **available** 이용 가능한, 손에 넣을 수 있는<br>an *available* size 가능한 사이즈 | ↔ | **unavailable** 손에 넣을 수 없는<br>become *unavailable* 무효가 되다 |
| **fitting room** 탈의실<br>men's *fitting room* 남자 탈의실 | ~ | **section** 매장, 구역<br>the electronics *section* 전자 제품 매장 |
| **check-out** 계산대<br>a *check-out* line 계산대 줄 | = | **cashier** 계산원, 출납원<br>go to the *cashier* 계산대로 가다 |

**통문장으로 핵심 단어 연습하기**

핵심 단어들이 포함된 문장을 들으며 따라 말해보세요.

1. Can I pay by { credit card / debit card / cash / check } ?

   **신용카드로 / 직불카드로 / 현금으로 / 수표로** 지불할 수 있나요?

2. We are offering these items { on sale / at a clearance sale / at a discounted price / at a reduced price / on markdown } .

   이 물건들은 **세일 중 / 재고 정리 세일 중 / 가격 할인 중 / 가격 할인 중 / 가격 인하 중**입니다.

3. The item that you are looking for is { sold out / out of stock / not in stock / not available / unavailable } .

   당신이 찾고 있는 상품은 **품절입니다 / 재고가 없습니다 / 재고가 없습니다 / 구할 수 없습니다 / 구할 수 없습니다**.

4. Where's the { fitting room / men's clothes section / check-out } ?

   **탈의실이 / 남성복 매장이 / 계산대가** 어디 있나요?

## 한눈에 배우는 영단어

| | | |
|---|---|---|
| **casual** 캐주얼한, 편한<br>*casual* winterwear 편한 겨울 옷 | ↔ | **formal** 격식을 차린<br>*formal* jackets 정장 자켓 |
| | ↔ | **dressy** 멋진, 정장용의<br>*dressy* slacks 정장 풍의 바지 |
| **bargain** 싸게 사는 물건<br>a great *bargain* 정말 싸게 잘 산 물건 | ↔ | **rip-off** 바가지<br>a big *rip-off* 바가지를 왕창 씌운 것 |
| **deal** 거래<br>make a *deal* 거래를 하다 | | |
| **real beauty** 굉장한 것, 예쁜 물건<br>find a *real beauty* 굉장한 걸 찾아내다 | | |
| **out of order** 고장난<br>The phone is *out of order*. 전화가 고장났다. | = | **broken** 고장난, 부서진, 깨진<br>a *broken* display case 부서진 진열장 |
| | = | **damaged** 손상된<br>*damaged* goods 손상된 물건들 |
| **defect** 결함<br>a product *defect* 제품 결함 | = | **flaw** 결함<br>a design *flaw* 디자인상의 결함 |
| **refund** 환불, 환불하다<br>get a *refund* 환불을 받다 | = | **return** 반품, 반환하다<br>the prompt *return* 신속한 반납 |
| **exchange** 교환하다<br>*exchange* a pair of pants 바지를 교환하다 | = | **replace** 대체하다, 교체하다<br>*replace* the old phone 낡은 전화기를 교체하다 |
| **tax refund** 세금 환급(금)<br>receive a *tax refund* 세금을 환불받다 | ~ | **VAT** (= Value-Added Tax) 부가가치세<br>*VAT* on services 서비스에 대한 부가가치세 |
| **get ~ free** ~을 무료로 받다<br>buy one, *get* one *free* 하나 사면 하나 공짜 | | |

##  통문장으로 핵심 단어 연습하기

핵심 단어들이 포함된 문장을 들으며 따라 말해보세요.

1. Excuse me, I'm looking for something a bit { casual / formal / dressy }.

   실례합니다, 저는 약간 **캐주얼한 / 정장스러운 / 드레시한** 걸 찾고 있는데요.

2. This is a { real bargain / good deal / real beauty / rip-off }!

   이거 **정말 싸게 잘 사시는 거예요 / 싸게 잘 사시는 거예요 / 정말 예쁘네요 / 바가지네요**!

3. Can I get a new product? This { is out of order / is broken / has defects / is damaged }.

   새 제품으로 주시겠어요? 이건 **고장 났어요 / 고장 났어요 / 결함이 있어요 / 손상됐어요**.

4. May I { get a refund / exchange the item / receive a tax refund / buy one and get one free }?

   **환불 가능한가요 / 교환 가능한가요 / 세금 환급 되나요 / 하나 사면 하나 공짜인가요**?

## 생생 단어팁

## Sale

미국은 세일의 나라라고 할 수 있을 정도로 여러 종류의 세일이 있습니다. 가장 큰 규모의 세일로는 Black Friday가 있는데요. 이 날은 11월 마지막 주 목요일인 추수감사절(Thanksgiving Day)의 다음 날인 금요일로, 처음으로 적자(red ink)에서 흑자(black ink)로 돌아서는 날이라는 의미로 'black'이란 이름이 붙여졌다고 합니다. 백화점, 대형마트 등에서 전날 저녁부터 줄을 서서 밤새 오픈을 기다리는 모습도 볼 수 있죠.

미국에 Black Friday가 있다면 캐나다, 호주, 일부 유럽국가에는 Boxing Day가 있습니다. Boxing Day는 크리스마스 다음 날인 12월 26일인데요. 여기서 Boxing은 권투라는 의미가 아니라, 크리스마스에 선물을 받기 어려운 가난한 사람들에게 박스(box)에 선물을 넣어 나누어 주는 날이란 의미입니다. 예전에는 이렇게 가난한 사람들에게 자선을 베푸는 날이었으나 요즘에는 빅 세일을 의미하는 날이 되었죠.

이런 대규모의 세일 외에 일반인들이 개인적으로 하는 garage sale이 있습니다. yard sale이라고 부르기도 하는 이 세일은 말 그대로 차고나 앞마당에서 더 이상 쓰지 않는 개인 물건을 싼 값에 파는 일종의 flea market(벼룩시장)입니다. 우리나라와 달리 미국은 대부분의 집에 차고와 마당이 있기 때문에 가능한 세일일 텐데요. 잘 둘러보면 헐값에 갖고 싶었던 물건을 살 수 있는 재미가 있답니다.

이 외에도 이사 가기 전 정리할 물건들을 파는 moving sale이나 새 학기가 시작되기 전에 학교생활에 필요한 용품들을 싸게 파는 back to school sale 등도 있습니다. 이렇게 크고 다양한 세일들이 있기 때문에 다른 나라에 갈 기회가 생길 경우 이런 날들에 맞춰서 가기도 하는데요. 이러한 세일 정보들을 잘 활용하면 가지고 싶은 물건을 저렴한 가격에 살 수 있는 좋은 기회를 잡을 수 있겠지요?

# DAY 05

## 외식
Eating Out

나... 나는
아직 마음의 준비가... ㅜ.ㅜ

# DAY 05 외식

## 한눈에 배우는 영단어

| | |
|---|---|
| **reserve** 예약하다<br>*reserve* a seat 좌석을 예약하다 | → **reservation** 예약<br>make a *reservation* 예약하다 |
| **cancel** 취소하다<br>*cancel* the meeting 미팅을 취소하다 | ~ **change** 변경하다<br>*change* a plan 계획을 변경하다 |
| **confirm** 확인하다<br>*confirm* reservations 예약을 확인하다 | → **confirmation** 확인<br>*confirmation* of a reservation 예약 확인 |
| **soft drink** 청량음료<br>a sweet *soft drink* 달콤한 청량음료 | = **beverage** 음료<br>a cold *beverage* 차가운 음료 |
| **dressing** 드레싱, 소스<br>a salad *dressing* 샐러드 드레싱 | ~ **sauce** 소스<br>a *sauce* for pasta 파스타 소스 |
| **dessert** 후식<br>for *dessert* 후식으로 | |
| **medium-rare** 약간 덜 익힌<br>*Medium-rare*, please. 약간 덜 익혀주세요. | ~ **well-done** 완전히 익힌<br>*Well-done*, please. 잘 익혀주세요. |
| **steam** 찌다<br>*steamed* fish 생선 찜 | ~ **boil** 끓이다<br>*boil* the stew 스튜를 끓이다 |
| **fatty** 지방이 많은<br>*fatty* food 지방이 많은 음식 | → **fat** 지방<br>a diet high in *fat* 지방이 많은 식단 |
| **tough** (고기가) 질긴<br>*tough* texture 질긴 식감 | ↔ **tender** 부드러운<br>a *tender* steak 부드러운 스테이크 |
| **greasy** 느끼한, 기름이 많은<br>too *greasy* 너무 느끼한 | ~ **salty** 짠<br>*salty* food 짠 음식 |

**통문장으로 핵심 단어 연습하기**

핵심 단어들이 포함된 문장을 들으며 따라 말해보세요.

1. I'd like to { reserve a table for two / cancel my reservation for tonight / change my reservation to 8 o'clock / confirm my reservation for tonight }.

   두 명이 앉을 수 있는 테이블을 예약하고 / 오늘 저녁 예약을 취소하고 / 8시로 예약을 변경하고 / 오늘 저녁 예약을 확인하고 싶습니다.

2. What kind of { soft drink / beverage / dressing / dessert } would you like, sir?

   어떤 종류의 **청량음료를** / **음료를** / **드레싱을** / **디저트를** 드시겠어요?

3. I would like my { steak medium-rare / steak well-done / vegetables steamed }, please.

   제 스테이크는 약간 덜 익혀 / 제 스테이크는 잘 익혀 / 채소를 쪄서 주세요.

4. Excuse me, this meat is too { fatty / tough / greasy / salty }.

   죄송한데요, 이 고기는 **비계가 너무 많아요** / **너무 질겨요** / **너무 느끼해요** / **너무 짜요**.

## 한눈에 배우는 영단어

**vinegar** 식초
season with *vinegar* 식초로 양념하다

~

**pepper** 후추
sprinkle some *pepper* 후추를 뿌리다

**bill** 청구서, 계산서
a telephone *bill* 전화비 청구서

=

**check** 청구서, 계산서
*Check*, please. 계산서 주세요.

**receipt** 영수증
a *receipt* of my purchase 구매 영수증

**excellent** 훌륭한
an *excellent* performance 훌륭한 공연

~

**average** 보통의, 평범한
just *average* service 그냥 보통의 서비스

**fresh** 신선한
*fresh* meat 신선한 고기

~

**juicy** 즙이 많은
a *juicy* steak 육즙이 풍부한 스테이크

**delicious** 맛있는
*delicious* cookies 맛있는 쿠키

=

**yummy** 맛있는
a *yummy* watermelon 맛있는 수박

**order** 주문, 주문하다
place an *order* 주문하다

**recommend** 추천하다
*recommend* a restaurant 식당을 추천하다

→

**recommendation** 추천
the chef's *recommendation* 주방장 추천요리

**dish** 접시, 요리
a fish *dish* 생선 요리

=

**plate** 접시
a paper *plate* 종이 접시

**recipe** 요리법
follow a *recipe* 요리법을 따르다

~

**ingredient** 재료
purchase *ingredients* 재료를 구입하다

**clear** 치우다
*clear* the table 테이블을 치우다

=

**take away** 가져가다, 치우다
*take away* the plates 접시들을 가져가다

**doggy bag** 남은 음식을 싸가는 봉지
have a *doggy bag* 남은 음식을 싸가다

~

**wrap** 싸다, 포장하다
*wrap* a present 선물을 포장하다

**통문장으로 핵심 단어 연습하기**

핵심 단어들이 포함된 문장을 들으며 따라 말해보세요.

1. Could I have { some vinegar / some pepper / the bill / a receipt }, please?

   식초 / 후추 / 계산서 / 영수증 좀 주시겠어요?

2. The food here is { excellent / very fresh / really delicious / very yummy }! Don't you think so?

   이 곳 음식은 **훌륭해** / **아주 신선해** / **정말 맛있어** / **아주 맛있어**! 그렇게 생각하지 않아?

3. Would you { take our order / recommend a dish for us / tell me the recipe / clear our table / give me a doggy bag / wrap this up }?

   주문 좀 받아주시겠어요 / 요리를 추천해주시겠어요 / 요리법을 알려주시겠어요 / 테이블을 치워주시겠어요 / 남은 음식을 싸주시겠어요 / 이것을 포장해 주시겠어요?

## 생생 단어팁

## 주문하기

혹시 외국으로 출장이나 여행을 갔을 때 식당에서 어떻게 주문해야 할지 몰라 당황스러웠던 적은 없으신가요? 무슨 음식 하나 주문하는데, 그렇게 물어보는 게 많은지요.

유명 레스토랑에 가기로 했다면 미리 reservation(예약)을 하는 게 좋습니다. 특히, window seat(창가 자리)같이 특별히 원하는 자리가 있는 경우에는 더 그렇겠죠.

정통 레스토랑에서는 메인(main) 요리 전에 전채요리(appetizer)를 먹는데요. 영국에서는 starter라고 부르는 이 전채요리는 샐러드(salad)를 가장 흔히 먹습니다. dressing(드레싱)은 어떤 것으로 하겠냐, 치즈(cheese)는 어떤 걸 뿌려줄까 등등 물어보기도 합니다.

main dish(메인 요리)는 주로 스테이크(steak)죠. waiter나 waitress가 "How do you like your steak?(고기를 얼마나 익혀 드릴까요?)"하고 물어볼 거예요. rare(덜 익힌), medium(중간으로 익힌), well done(잘 익힌) 등으로 대답하면 됩니다. 아니면 medium-rare라든지, medium-well done 같이 말하는 경우도 많답니다.

메인 요리는 side dish(곁들이는 요리)가 같이 나옵니다. 주로 감자 같은 채소 종류죠. French fries(감자튀김) 먹을래, baked potato(구운 통감자) 먹을래 하면서 묻는 경우도 있습니다.

마지막 코스는 새콤달콤 dessert(후식)죠. 주로 케이크(cake)나 푸딩(pudding), 아이스크림(ice cream) 등이 있습니다.

다 드셨나요? 그럼 계산해야죠. 외국에서는 대부분 앉은 자리에서 계산을 합니다. "Bill, please" 또는 "Check, please"라고 하면 waiter나 waitress가 청구서(bill/check)를 갖다 주죠. 자리에서 일어나기 전에 팁(tip) 남기는 거 잊지 마세요.

# DAY 06

## 요리
Cooking

# DAY 06　요리

 한눈에 배우는 영단어

**grill** (석쇠에) 굽다, 석쇠
*grill* a steak 스테이크를 굽다

~ **fry** 튀기다, 프라이하다
*fry* some eggs 달걀을 프라이하다

**smoke** 훈제하다
*smoke* some ham 햄을 훈제하다

**canned** 통조림한, 캔에 든
*canned* tuna 캔 참치

**sweet** 달콤한
*sweet* cake 달콤한 케이크

↔ **bitter** 쓴
a *bitter* grapefruit 씁쓸한 자몽

**sour** 신
*sour* cream 사워크림(새콤한 맛이 나는 크림)

~ **spicy** 매운
a *spicy* curry dish 매운 카레 요리

**soy sauce** 간장
add *soy sauce* 간장을 넣다

~ **soybean paste** 된장
make *soybean paste* 된장을 만들다

**sesame** 참깨
use *sesame* oil 참기름을 사용하다

**garlic** 마늘
*garlic* sauce 마늘 소스

~ **ginger** 생강
ground *ginger* 다진 생강

**olive oil** 올리브기름
roast with *olive oil* 올리브기름으로 볶다

**red pepper** 고추
*red pepper* paste 고추장

~ **onion** 양파
Hold the *onions*. 양파는 빼주세요.

**spice** 향신료
use *spice* in cooking 요리에 향신료를 쓰다

~ **herb** 허브
a flowering *herb* 꽃이 피는 허브

### 통문장으로 핵심 단어 연습하기

핵심 단어들이 포함된 문장을 들으며 따라 말해보세요.

1. Do you like { grilled / fried / smoked / canned } fish?

   당신은 **구운** / **튀긴** / **훈제한** / **통조림** 생선을 좋아하세요?

2. I don't like it. This is too { sweet / bitter / sour / spicy }.

   맛 없어요. 이건 너무 **달아요** / **써요** / **시어요** / **매워요**.

3. I use a lot of { soy sauce / sesame / garlic / olive oil } when cooking.

   저는 요리할 때 **간장을** / **참깨를** / **마늘을** / **올리브기름을** 많이 씁니다.

4. Did you put { red pepper / ginger / spice } in this? It smells like it.

   여기에 **고추** / **생강** / **향신료** 넣었나요? 향이 나네요.

## 한눈에 배우는 영단어

**nutritious** 영양이 풍부한
a *nutritious* meal 영양가 있는 식사

~ **protein** 단백질
*protein* foods 단백질이 많이 함유된 음식

**flavor** 맛, 향, 풍미
a *flavor* of garlic 마늘 맛

**slice** 얇게 잘라내다
*slice* the bread 빵을 얇게 썰다

~ **chop** 토막으로 썰다
*chop* the onions 양파를 토막 썰다

**defrost** 해동시키다
*defrost* the chicken 닭을 해동시키다

**meat** 고기
frozen *meat* 냉동 고기

~ **pork** 돼지고기
roast *pork* 구운 돼지구기

~ **beef** 쇠고기
minced *beef* 다진 쇠고기

**mince** 잘게 썰다, 다지다
*mince* a carrot 당근을 잘게 썰다

~ **grind** 갈다
*grind* some coffee 커피를 갈다

~ **mash** 으깨다
*mash* some potatoes 감자를 으깨다

**whip** 휘저어 거품을 내다
*whip* some egg whites 달걀 흰자를 휘젓다

= **beat** 휘젓다
*beat* some eggs 달걀을 휘젓다

**cereal** 시리얼, 곡물
a bowl of *cereal* 시리얼 한 그릇

~ **pancake** 팬케이크
make a *pancake* 팬케이크를 만들다

**scrambled egg** 풀어 익힌 달걀
I'll have *scrambled eggs*. 스크램블로 주세요.

**soft-boiled** 반숙의
*soft-boiled* eggs 반숙 달걀

↔ **hard-boiled** 완숙의
*hard-boiled* eggs 완숙 달걀

## 통문장으로 핵심 단어 연습하기

핵심 단어들이 포함된 문장을 들으며 따라 말해보세요.

1. Help yourself. This food is { nutritious / full of protein / full of flavor }.

   많이 드세요. 이 음식은 **영양가가 높답니다** / **단백질이 풍부해요** / **풍미가 가득해요**.

2. You should { slice the vegetables / defrost the meat / chop the pork } first.

   우선 **채소를 얇게 써세요** / **고기를 해동시키세요** / **돼지고기를 토막으로 써세요**.

3. Put { minced garlic / ground beef / mashed potatoes / whipped eggs } into the mixture.

   **다진 마늘을** / **간 쇠고기를** / **으깬 감자를** / **휘저은 달걀을** 그 혼합물에 넣으세요.

4. I like to eat { cereal / pancakes / scrambled eggs / soft-boiled eggs } for breakfast.

   저는 아침으로 **시리얼** / **팬케이크** / **스크램블 달걀** / **반숙 달걀** 먹는 것을 좋아합니다.

## 생생 단어팁

## 외국 대표 요리

영국의 음식은 맛이 없기로 유명하다고 하지만, 의외로 유명한 음식도 많고 스타 셰프가 많이 배출된 나라입니다. 음식 이름에 English가 들어가는 경우도 있죠. 대표적으로 English breakfast가 있는데, 이는 소시지(sausage), 베이컨(bacon), 달걀 프라이(fried egg) 등을 토스트(toast)와 함께 먹는 아침식사를 말합니다. 주로 baked beans(강낭콩을 토마토소스에 삶은 것)를 함께 먹는 것이 특징이죠. English breakfast와 같이 곁들여 마신다고 해서 이름을 English breakfast tea라고 붙인 홍차도 있습니다. 영국 사람들이 차를 즐겨 마시는 것은 유명하지요. 영국은 또한 fish and chips라는 음식도 유명합니다. 생선튀김과 감자튀김이 함께 나오는 것인데 vinegar(식초)와 salt(소금)를 뿌려서 먹는 것으로 유명하죠.

영국의 Scotland 지방으로 가면 salmon(연어)이 유명합니다. 특히 훈제 연어(smoked salmon)가 흔하죠. 이웃 나라 Ireland는 beer(맥주)가 유명합니다. Irish beer는 거품이 많은 것이 특징인데, 비슷하게 Irish coffee도 위에 생크림(whip cream)을 올려 거품을 많게 만드는 것이 특징이라고 하네요. 커피에 위스키(whiskey)를 탄다는 점도 특이하죠.

이제 미국으로 건너가 볼까요? 미국 하면 떠오르는 음식은? 아마도 햄버거(hamburger)와 핫도그(hotdog)가 아닐까 싶은데요. 우리나라의 길거리표 핫도그는 영어로는 corn dog이라 부르는 것이고, 진짜 hotdog는 빵에 소시지(sausage)를 넣고, 양파(onion), 피클(pickle) 등의 채소를 넣은 다음 케첩(ketchup)이나 머스터드(mustard) 소스 등을 뿌려 먹죠.

다른 나라의 문화를 체험하려면 음식보다 더 좋은 것이 없는 듯합니다. 꼭 맛보고 오세요!

# DAY 07

### 주거생활
Home

난방비 아낀다고
엄마가 내 방 보일러를 꺼버렸대...

# DAY 07 주거생활

## 한눈에 배우는 영단어

**studio** 원룸, 스튜디오
a *studio* apartment 원룸 아파트

~

**condominium** 분양 아파트, 콘도
own a *condominium* 콘도를 소유하다

**furnished** 가구가 비치된
a *furnished* apartment 가구가 비치된 아파트

⇔

**unfurnished** 가구가 비치되지 않은
an *unfurnished* room 가구가 비치되지 않은 방

**two-bedroom** 침실이 두 개인
a *two-bedroom* house 침실 두 개짜리 집

~

**one-bedroom** 침실이 한 개인
a *one-bedroom* condo 침실 한 개짜리 콘도

**town house** 연립주택, 타운하우스
a nice *town house* 좋은 연립주택

~

**villa** 별장
a holiday *villa* 휴가용 별장

**living room** 거실
a large *living room* 큰 거실

~

**dining room** (호텔, 가정의) 식당
next to the *dining room* 식당 옆에

**study** 서재
a neat *study* 깨끗한 서재

**lease** 임대
a building for *lease* 임대용 건물

=

**rent** 임대
an apartment for *rent* 임대용 아파트

**for sale** 판매용
a house *for sale* 팔려고 내놓은 집

**homestay** 홈스테이, 민박
a *homestay* in the city 그 도시에서의 민박

**realtor** 부동산업자
a certified *realtor* 공인 중개사

=

**real estate** 부동산
a *real estate* agent 부동산 중개업자

**landlord** 집주인
a considerate *landlord* 이해심 많은 집주인

⇔

**tenant** 세입자, 임차인
a previous *tenant* 이전 세입자

## 통문장으로 핵심 단어 연습하기

핵심 단어들이 포함된 문장을 들으며 따라 말해보세요.

1. I am looking for a { studio / furnished apartment / two-bedroom house / town house }.

   저는 **원룸을** / **가구가 딸린 아파트를** / **침실이 두 개인 집을** / **연립주택을** 찾고 있습니다.

2. This hallway leads to the { living room / dining room / study }.

   이 복도를 따라가면 **거실이** / **식당이** / **서재가** 나옵니다.

3. This house is for { lease / rent / sale / a homestay }.

   이 집은 **임대를** / **임대를** / **판매를** / **민박을** 위한 것입니다.

4. I'm supposed to meet my { realtor / landlord / tenant }.

   나는 **부동산업자를** / **집주인을** / **세입자를** 만나기로 되어 있습니다.

 한눈에 배우는 영단어

| | | |
|---|---|---|
| **attic** 다락방<br>clean the *attic* 다락방을 청소하다 | ~ | **basement** 지하실<br>a large *basement* 넓은 지하실 |
| **garage** 차고<br>a messy *garage* 지저분한 차고 | | |
| **backyard** 뒤뜰, 뒷마당<br>a big *backyard* 넓은 뒤뜰 | ~ | **yard** 마당<br>a *yard* with a pine tree 소나무가 있는 마당 |
| **balcony** 발코니<br>a second-floor *balcony* 2층 발코니 | = | **terrace** 테라스<br>a rooftop *terrace* 옥상 테라스 |
| **remodel** 개조하다<br>*remodel* an old house 낡은 집을 개조하다 | = | **renovate** 개조하다<br>*renovate* a kitchen 부엌을 개조하다 |
| **roof** 지붕<br>put on a new *roof* 새 지붕을 얹다 | ~ | **chimney** 굴뚝<br>a *chimney* sweeper 굴뚝 청소부 |
| **mow** (잔디를) 깎다<br>*mow* the lawn 잔디를 깎다 | ~ | **lawn** 잔디, 잔디밭<br>a big front *lawn* 넓은 앞 잔디밭 |
| **wardrobe** 옷장<br>an antique *wardrobe* 골동품 옷장 | ~ | **dresser** 화장대<br>a wooden *dresser* 나무로 만든 화장대 |
| **bunk bed** 이층침대<br>the top *bunk bed* 이층침대의 위 침대 | | |
| **ladder** 사다리<br>place a *ladder* 사다리를 놓다 | ~ | **step stool** 발판 의자<br>get on a *step stool* 발판 의자에 올라가다 |
| **shovel** 삽<br>a snow *shovel* 눈 치우는 삽 | | |
| **hammer** 망치<br>use a *hammer* 망치를 사용하다 | ~ | **nail** 못<br>a box of *nails* 못 상자 |

##  통문장으로 핵심 단어 연습하기

핵심 단어들이 포함된 문장을 들으며 따라 말해보세요.

**1.** I'd like to live in a house with { an attic / a garage / a backyard / a balcony }.

나는 **다락방이** / **차고가** / **뒤뜰이** / **발코니가** 있는 집에 살고 싶어요.

**2.** We need to { remodel our house / fix the roof / mow the lawn / clean the chimney }.

우리는 **집을 보수해야** / **지붕을 고쳐야** / **잔디를 깎아야** / **굴뚝을 청소해야** 합니다.

**3.** When can you deliver the { wardrobe / dresser / bunk bed }?

언제 **옷장을** / **화장대를** / **이층침대를** 배달해주실 수 있나요?

**4.** Would you get me the { ladder / shovel / hammer and nails / step stool } from the garage?

차고에서 **사다리** / **삽** / **망치랑 못** / **발판 의자** 좀 갖다 주겠니?

Day 07 | 주거생활 **49**

**생생 단어팁**

**집**

미국 영화나 드라마 속을 보면 미국 사람들은 모두 주차장 달린 큰 주택에 살고 있는 것 같지만, 우리나라에 있는 것과 같은 아파트도 있고, 속을 들여다보면 더 다양한 주택 형태들이 있답니다.

- apartment 임대형 공동주택
- condominium(= condo) 구매해서 사는 공동주택
- house 단독주택
- town house 연립주택 (벽을 공유하는 주택형태)
- mansion 대저택 (부자들이 사는 큰 주택)

특이한 점은 흔히 아파트라고 불리는 apartment와 condominium의 차이인데요. 겉으로 보기엔 차이가 없는 아파트지만, apartment라고 불리는 아파트는 임대형 아파트입니다. 소유자가 회사이고, 그 회사에서 개개인에게 임대를 하는 것이죠. 반면 condo라고 줄여 말하는 condominium이 바로 우리나라식 아파트입니다. unit(세대, 호수)마다 개개인의 소유주가 있는 아파트죠. 3층 정도의 저층짜리부터 20~30층 이상의 고층까지 다양한 아파트들이 있답니다. 아파트에 따라 공동 세탁실(laundry room)이 따로 있는 경우도 있고, swimming pool(수영장)이나 fitness center(헬스클럽), sauna(사우나) 등의 공동시설을 갖추고 있기도 합니다.

미국의 가장 흔한 주거형태는 단독주택(house)인데요. 보통 주택은 집(house), 정원(garden), 차고(garage) 이렇게 구성되어 있습니다. 집에는 basement(지하실)가 있는 경우가 많은데요. 보통 basement에는 술 한 잔 할 수 있는 바(bar)나 휴식공간(recreation room)으로 많이들 꾸며놓습니다. garage의 경우엔, 차고이지만 단순히 차를 넣어두는 공간이라기 보다는 차고 겸 창고의 역할을 합니다. 공구들을 넣어두고 작업을 하기도 하고, 안 쓰는 물품을 넣어두기도 하지요.

# DAY 08

영화·음악
Movies & Music

다 깨져버려랏!!

# DAY 08 영화·음악

##  한눈에 배우는 영단어

**action** (영화 속의) 액션
an *action* film 액션 영화

~

**comedy** 코미디
a romantic *comedy* 로맨틱 코미디

**mystery** 추리
a *mystery* novel 추리 소설

=

**thriller** 스릴러물
a *thriller* about a spy 스파이 스릴러물

**science-fiction** 공상과학의
*science-fiction* series 공상과학 시리즈물

~

**horror movie** 공포 영화
a scary *horror movie* 무서운 공포 영화

**actor** 남자배우
a French *actor* 프랑스 남자배우

↔

**actress** 여배우
marry an *actress* 여배우와 결혼하다

**director** 감독
a movie *director* 영화 감독

**screenwriter** 시나리오 작가
a talented *screenwriter* 재능 있는 시나리오 작가

~

**script** 대본
a well-written *script* 잘 쓰여진 대본

**thrilling** 아주 신나는, 스릴 있는
a *thrilling* scene 스릴 있는 장면

=

**entertaining** 재미있는, 즐거운
an *entertaining* night 즐거운 밤

**extraordinary** 기이한, 놀라운
*extraordinary* people 특별한 사람들

=

**amazing** 놀라운
*amazing* special effects 놀라운 특수 효과

**showtime** 상영 시간
an early *showtime* 이른 상영 시간

~

**showing** 상영
three *showings* a day 하루 세 번 상영

**trailer** 예고편
an interesting *trailer* 재미있는 예고편

=

**teaser** 예고편
a *teaser* for a new movie 새 영화 예고편

**review** 평론, 감상문
a good *review* 좋은 평

**통문장으로 핵심 단어 연습하기**

핵심 단어들이 포함된 문장을 들으며 따라 말해보세요.

1. What is the best { action / comedy / mystery / science-fiction } movie in the theaters?

   상영중인 영화 중 최고의 **액션 / 코미디 / 추리 / 공상과학** 영화는 무엇인가요?

2. The { actor / actress / film director / screenwriter } was nominated for an Academy Award.

   그 **남자배우는 / 여자배우는 / 영화감독은 / 시나리오 작가는** 아카데미 상 후보에 올랐어요.

3. The movie was { thrilling / very entertaining / extraordinary } and I enjoyed it.

   그 영화는 **스릴이 넘쳐서 / 매우 재미있어서 / 특별해서**, 즐겁게 감상했습니다.

4. Find { movie showtimes / trailers / reviews } for the latest movie releases here.

   최근 개봉된 영화의 **상영시간 / 예고편 / 영화평**을 보려면 여기서 찾아보세요.

 한눈에 배우는 영단어

**popular song** 대중 가요
*popular songs* of the 90's 90년대의 대중 가요

↔

**classical music** 클래식 음악
enjoy *classical music* 클래식 음악을 즐기다

**fusion music** 퓨전 음악
a type of *fusion music* 퓨전 음악의 한 형태

~

**contemporary music** 현대 음악
*contemporary music* festival 현대 음악 축제

**folk ballad** 민요
Irish *folk ballads* 아일랜드 민요

**concert** 음악회, 콘서트
a classical *concert* 클래식 콘서트

=

**recital** 독주회, 발표회
a dance *recital* 춤 발표회

=

**performance** 공연
a great *performance* 대단한 공연

**symphony orchestra** 교향악단
Boston *Symphony Orchestra* 보스턴 교향악단

~

**band** 밴드, 관현악단
a jazz *band* 재즈 밴드

**string quartet** 현악 4중주
a *string quartet* concert 현악 4중주 콘서트

**lyrics** (노래) 가사
a song with funny *lyrics* 재미있는 가사의 노래

**conductor** 지휘자
a Korean *conductor* 한국인 지휘자

=

**maestro** 명지휘자, 거장
a young *maestro* 젊은 명지휘자

**piece** 작품, 곡
a great *piece* of work 훌륭한 작품

=

**composition** 작곡, 작품
Beethoven's *composition* 베토벤의 작품

**melody** 선율, 곡조
hum a *melody* 멜로디를 흥얼거리다

~

**note** 음, 음표
musical *notes* 음표, 악보

**concerto** 협주곡
a *concerto* for piano 피아노를 위한 협주곡

## 통문장으로 핵심 단어 연습하기

핵심 단어들이 포함된 문장을 들으며 따라 말해보세요.

1. I enjoy listening to { popular songs / classical music / fusion music / folk ballads }.

   나는 **대중가요** / **클래식 음악** / **퓨전 음악** / **민요** 듣는 것을 즐겨요.

2. We went to a { concert / symphony orchestra concert / violin recital / string quartet concert } last night.

   어젯밤, 우리는 **콘서트** / **교향악단 콘서트** / **바이올린 독주회** / **현악4중주 콘서트**에 갔습니다.

3. I liked the { band's performance / lyrics of the song / conductor of the orchestra }.

   나는 **그 밴드의 연주** / **그 노래의 가사** / **그 오케스트라의 지휘자**가 맘에 들었어요.

4. I've never heard that { piece / composition / melody / concerto } before.

   나는 전에 저런 **곡을** / **작품을** / **멜로디를** / **협주곡을** 들어본 적이 없어요.

Day 08 | 영화·음악  55

## 생생 단어팁

## Academy Awards

Academy Awards(아카데미상)는 Los Angeles의 영화관에서 일주일 이상 상영된 영화를 대상으로 미국의 영화예술과학아카데미에서 심사하여 수여하는 미국 최대의 영화 시상식입니다. 이 시상식은 미국 영화계뿐만 아니라 전세계적인 관심과 흥미의 대상이 되는 행사이기도 합니다. 아카데미상은 영화의 각 부분에 걸쳐서 수여되는데요. 이 상은 사람 모양 트로피의 애칭을 따서 '오스카(Oscar)상'이라고 부르기도 합니다. 어떤 종류의 상이 있는지 알아 볼까요?

아카데미상에서 가장 큰 상인 'Big 5'는 작품상(Best Picture), 감독상(Best Director), 남우주연상(Best Actor), 여우주연상(Best Actress), 각본상(Best Screenplay)을 말하는데요. 각본상을 제외한 4개의 상을 모두 수상한 작품을 'Grand Slam'이라고 부른다고 합니다. 그 외에 남우조연상(Best Supporting Actor), 여우조연상(Best Supporting Actress), 편집상(Best Film Editing) 등도 있지요.

요즘은 2D 영화뿐만 아니라 입체감을 나타내는 3D, 그리고 4D 영화까지 나오고 있습니다. 그만큼 영화 속에서 음향이나 시각효과의 역할도 더욱 커졌겠지요. 아카데미 시상식에서는 이에 관련된 많은 상을 수여하고 있습니다. 미술상(Best Art Direction), 음향상(Best Sound Mixing), 시각 효과상(Best Visual Effects) 등의 상이 있지요.

요즘은 한국 영화도 좋은 작품들이 많이 나와 해외로 많이 진출하고 있는데요. 다음 아카데미 시상식에서는 우리 나라 영화가 Big 5 중 4개의 상을 차지할 수 있기를 (win a grand slam) 기대해 봅니다.

# DAY 09

### 여행
Travels

사춘긴가? 요즘들어
부쩍 집에 혼자 있겠다고 고집을 부린다.
어르고 달래고 결국 형부 폭발

# DAY 09 여행

##  한눈에 배우는 영단어

**purpose** 목적
the *purpose* of my visit 나의 여행 목적

**sightseeing** 관광
go *sightseeing* 관광 가다

~ **package tour** 패키지 여행
a 10-day *package tour* 10일간의 패키지 여행

**on business** 사업차, 업무로
travel *on business* 출장 가다

↔ **on vacation** 휴가차, 휴가로
be *on vacation* 휴가 중이다

**honeymoon** 신혼여행
a one-week *honeymoon* 1주일간의 신혼여행.

**backpacking** 배낭여행
a *backpacking* journey 배낭여행

= **budget travel** 절약 여행
plans for *budget travel* 절약 여행 계획

**cruise** 크루즈, 유람선 여행
a luxury *cruise* 호화 유람선 여행

~ **safari** 사파리 여행
an African *safari* 아프리카 사파리 여행

**day trip** 당일 여행
a *day trip* to the beach 해변으로의 당일 여행

↔ **overnight trip** 1박 여행
an *overnight trip* to Busan 부산 1박 여행

**school excursion** 수학여행
an exciting *school excursion* 신나는 수학여행

~ **field trip** 현장학습, 견학
a *field trip* to the museum 박물관으로의 견학

**all-inclusive** 모두 포함된
an *all-inclusive* resort 풀옵션 리조트

~ **luxury resort** 호화 리조트
stay at a *luxury resort* 호화 리조트에 묵다

**road trip** 자동차 여행
a long *road trip* 장거리 자동차 여행

~ **camping** 캠핑, 야영
*camping* equipment 캠핑 장비

**duty free** 면세
*duty free* goods 면세점 물품

**통문장으로 핵심 단어 연습하기**

핵심 단어들이 포함된 문장을 들으며 따라 말해보세요.

1. "What's the purpose of your visit?" " { Sightseeing / On business / On honeymoon / On vacation }."

   "여행 목적이 무엇입니까?" "**관광이요** / **사업차 왔습니다** / **신혼여행이에요** / **휴가차 왔어요**."

2. I'm going on a { backpacking trip / cruise / day trip / school excursion } tomorrow.

   나는 내일 **배낭여행** / **크루즈 여행** / **당일여행** / **학교 소풍** 가요.

3. I prefer { all-inclusive packages to budget travel / road trips to air travel / camping to luxury resorts / local markets to duty free shops }.

   나는 **저예산 배낭여행보다는 모두 포함된 여행상품이** / **비행기 여행보다는 자동차 여행이** / **호화 리조트보다는 캠핑이** / **면세점보다는 현지 시장이** 더 좋아요.

 한눈에 배우는 영단어

**must-see** 꼭 봐야 하는 (곳)
*must-see* places 꼭 봐야 하는 곳들

= **tourist attraction** 관광 명소
a famous *tourist attraction* 유명한 관광 명소

= **tourist spot** 관광 명소
a cultural *tourist spot* 문화 관광지

**historic site** 사적지
a popular *historic site* 인기 있는 사적지

~ **souvenir** 기념품
keep as a *souvenir* 기념품으로 간직하다

**flight** 비행
a non-stop *flight* 직항편

~ **itinerary** 여행 일정(표)
a busy *itinerary* 바쁜 여행 일정

**round-trip** 왕복의
a *round-trip* ticket 왕복 티켓

↔ **one-way** 편도의
a *one-way* ticket 편도 티켓

**accommodation** 숙소
expensive *accommodation* 비싼 숙소

**check in** 탑승 수속(을 밟다), 체크인(하다)
*check in* immediately 즉시 탑승 수속을 밟다

↔ **check out** (호텔에서) 체크아웃(하다)
*check out* late 늦게 체크아웃하다

**boarding gate** 탑승구
at the *boarding gate* 탑승구에서

~ **departure** 출발
the *departure* area 출발 지점

**baggage claim** 수화물 찾는 곳
the *baggage claim* area 수화물 찾는 곳

= **carousel** (수화물) 컨베이어 벨트
the luggage *carousel* 수화물 컨베이어 벨트

**single room** 1인용 침대가 하나 있는 방
book a *single room* 싱글룸을 예약하다

~ **double room** 2인용 침대가 하나 있는 방
use a *double room* 더블룸을 사용하다

~ **twin room** 1인용 침대가 두 개 있는 방
share a *twin room* 트윈룸을 함께 쓰다

~ **suite room** 침실과 응접실이 나뉜 방
reserve a *suite room* 스위트룸을 예약하다

**통문장으로 핵심 단어 연습하기**

핵심 단어들이 포함된 문장을 들으며 따라 말해보세요.

1. Do you know any { must-see places / tourist attractions / tourist spots / historic sites } in this city?

   이 도시에서 **꼭 봐야 하는 곳을** / **관광명소를** / **관광명소를** / **역사적인 장소를** 아십니까?

2. I need to { book a flight / buy a round-trip ticket to London / reserve accommodation / get an itinerary }.

   나는 **항공을 예약해야** / **런던 행 왕복 티켓을 사야** / **숙박을 예약해야** / **여행 일정표를 받아야** 해요.

3. I'm looking for { a Skyway Airline check-in counter / Boarding Gate 32 / Baggage Claim 5A / a souvenir shop }.

   저는 **스카이웨이 항공 체크인 카운터를** / **32번 탑승구를** / **수화물 찾는 곳 5A번을** / **기념품 가게를** 찾고 있는데요.

4. Do you have a { single room / double room / twin room / suite room } available?

   **싱글룸** / **더블룸** / **트윈룸** / **스위트룸** 있습니까?

## 생생 단어팁 — 여행

여행을 나타내는 영어 단어는 travel, trip, journey, tour 등 여러 가지가 있습니다. 우리말로 해석할 때는 다 '여행'이라고 하지만 조금씩 다른 의미를 가지고 있죠. travel은 한 장소에서 다른 장소로 가는 것, 즉 여기저기 돌아다니는 것이고, trip은 출발한 장소로 되돌아오는 여행으로 주로 짧은 여행을 의미합니다. journey는 긴 거리를 여기저기 돌아다니는 것으로 travel의 한 종류로 볼 수 있는데 그 중에서 장거리 여행을 말합니다. 마지막으로 tour는 주로 가이드가 있는 관광으로 목적지가 정해진 여행을 의미하죠. 좀 더 구체적으로 알아 볼까요?

trip은 앞에 붙여지는 단어에 따라 많은 종류의 여행을 표현할 수 있습니다. '하루'를 뜻하는 day를 붙인 day trip은 '당일치기 여행'을 말합니다. 또, trip 앞에 '현장'을 뜻하는 field를 붙이면 field trip이 되어 '현장학습, 견학'을 의미합니다.

- I went on a field trip to the museum. 나는 박물관으로 견학을 갔어요.

travel은 주로 '돌아다니는 것'을 목적으로 하는 여행을 나타내므로 전국일주, 세계여행 모두 travel이라고 말합니다.

- I'm traveling around the world. 나는 세계일주 중입니다.

journey는 다른 단어들과 다르게 반드시 돌아온다는 의미가 없이 단지 최종 목적지로의 여행을 나타냅니다. 그래서 추상적인 의미로도 많이 사용됩니다.

- This is a journey to happiness. 이것은 행복으로의 여정이다.

tour는 '관광'을 목적으로 하는 여행을 말합니다. 그래서 관광을 위해 타고 다니는 버스는 tour bus, 우리가 흔히 말하는 가이드는 tour guide라고 하죠.

- The tour guide showed us to the tour bus.
  관광가이드가 우리를 관광버스로 안내했습니다.

# DAY 10

## 감정 표현
Feelings

꺄아아아아아악!!!
어떡해...

# DAY 10 감정 표현

## 🐦 한눈에 배우는 영단어

| | | |
|---|---|---|
| **glad** 기쁜<br>be *glad* to hear that 그 말을 들어 기쁘다 | = | **pleased** 기쁜, 즐거운<br>be *pleased* to meet you 당신을 만나 기쁘다 |
| | = | **delighted** 기쁜<br>feel *delighted* 기쁘다 |
| **relieved** 안심한, 안도한<br>look *relieved* 안심한 듯 보이다 | | |
| **excited** 신난, 흥분한<br>*excited* at the news 그 소식에 신난 | ↔ | **disappointed** 실망한<br>a *disappointed* man 실의에 잠긴 사람 |
| **down** 우울한<br>feel *down* 우울하다 | = | **depressed** 우울한<br>get *depressed* 우울해지다 |
| **worried** 걱정하는<br>a *worried* look 근심스러운 표정 | = | **anxious** 불안해하는<br>an *anxious* manner 불안해하는 태도 |
| | = | **concerned** 걱정하는<br>a *concerned* air 걱정스러운 태도 |
| **at ease** 편안한<br>feel *at ease* 편안하다 | = | **easy** 편안한, 쉬운<br>Take it *easy*. 편하게 생각해. |
| **refreshed** 상쾌한<br>*refreshed* from fatigue 피로가 가셔서 상쾌한 | = | **renewed** 새로워진, 회복된<br>feel *renewed* 새로운 기분을 느끼다 |
| **impressive** 인상적인<br>an *impressive* résumé 인상적인 이력서 | | |
| **touching** 감동적인<br>a *touching* story 감동적인 이야기 | = | **moving** 감동적인<br>a *moving* speech 사람을 감동시키는 연설 |

## 통문장으로 핵심 단어 연습하기

핵심 단어들이 포함된 문장을 들으며 따라 말해보세요.

1. I'm { glad / relieved / excited / disappointed } to hear that.

   그 말을 들으니 **기쁘네요 / 안심이 되네요 / 신나네요 / 실망이네요**.

2. You look { down / worried / anxious / concerned }. What's the matter?

   당신 **우울해 / 걱정이 있어 / 걱정이 있어 / 근심이 있어** 보여요. 무슨 일이에요?

3. I feel { at ease / quite refreshed / a bit depressed }.

   **편안한 / 꽤 상쾌해진 / 좀 우울한** 느낌이에요.

4. Your story is very { impressive / touching / moving }.

   당신의 이야기는 매우 **인상적 / 감동적 / 감동적**이네요.

 한눈에 배우는 영단어

| | | |
|---|---|---|
| **upset** 언짢은<br>get *upset* over ~에 대해 언짢아하다 | = | **angry** 화난<br>get *angry* at ~에 화가 나다 |
| | = | **mad** 화난, 미친<br>go *mad* 화나다 |
| **furious** 몹시 화가 난<br>a *furious* storm 사나운 폭풍 | | |
| **annoyed** 짜증이 난, 화난<br>with an *annoyed* look 짜증난 표정으로 | = | **irritated** 짜증이 난<br>get *irritated* 짜증이 나다 |
| **sad** 슬픈<br>a *sad* ending 슬픈 결말 | ~ | **pity** 유감<br>It's a *pity*. 유감스러운 일이다. |
| **heartbroken** 비통해하는, 상심한<br>be *heartbroken* 비탄에 빠지다 | = | **brokenhearted** 비통해하는, 상심한<br>look *brokenhearted* 상심한 듯 보이다 |
| **miserable** 비참한<br>lead a *miserable* life 비참한 생활을 하다 | = | **hopeless** 절망적인, 희망이 없는<br>a *hopeless* situation 절망적인 상황 |
| **confused** 혼란스러운<br>a *confused* state 혼란스러운 상태 | = | **puzzled** 어리둥절한<br>a *puzzled* look 어리둥절한 표정 |
| **discouraged** 낙담한, 의욕을 잃은<br>get *discouraged* 낙담하다 | ↔ | **encouraged** 용기를 얻은, 고무된<br>feel *encouraged* 고무되다 |
| **mood** 기분<br>in a good *mood* 기분이 좋은 | | |
| **melancholy** 울적한<br>feel *melancholy* 울적하다 | = | **gloomy** 우울한<br>*gloomy* music 우울한 음악 |
| **relaxed** 편한<br>a *relaxed* atmosphere 편안한 분위기 | = | **calm** 고요한<br>a *calm* evening 고요한 저녁 |

##  통문장으로 핵심 단어 연습하기

핵심 단어들이 포함된 문장을 들으며 따라 말해보세요.

1. I'm so { upset / angry / mad / annoyed / furious / irritated }, I could blow.

   난 너무 **화가 나서** / **화가 나서** / **화가 나서** / **화가 나서** / **화가 나서** / **짜증이 나서** 폭발할 것 같아요.

2. { I feel sad / It's a pity / I'm heartbroken } to hear about your accident.

   당신의 사고 이야기를 들으니 **슬퍼요** / **유감이에요** / **마음이 아파요**.

3. I've felt { miserable / confused / discouraged } since I quit my job.

   나는 직장을 그만둔 이후로 **비참한 기분이었어요** / **혼란스러웠어요** / **의욕을 잃었어요**.

4. This song { puts me in a good mood / makes me melancholy / makes me relaxed / makes me calm }.

   이 노래는 나를 **기분 좋게 해줍니다** / **울적하게 만듭니다** / **편안하게 해줍니다** / **차분하게 해줍니다**.

**생생 단어팁**

# 이모티콘

이모티콘(emoticon)이란 영어로 감정을 뜻하는 이모션(emotion)이란 단어와 아이콘(icon)이 합쳐진 합성어로 '감정을 나타내는 아이콘'이란 뜻을 가지고 있습니다. 이것은 컴퓨터와 휴대폰이 보급화된 후에나 만들어졌을 것 같지만 우리의 생각과 다르게 19세기부터 사용되기 시작했다고 합니다. 1857년에 모르스 부호를 사용하여 줄임말을 사용하기 시작한 것이 이모티콘의 시초라고 하네요. 어떤 종류들이 있는지 잠깐 살펴 볼까요?

먼저 문장부호와 기호로 만들어진 이모티콘들이 있습니다. 가장 흔히 사용되는 것으로는 웃는 모습을 나타내는 :) (smile)이 있죠. 반대로 입꼬리를 내린 :( (sad). 이 외에도 >:-( (angry)와 같이 찌푸려진 미간과 내려간 입꼬리로 화난 기분을 표현하거나 :-p (tease-ya)처럼 혀를 내밀고 메롱하는 모습을 나타낼 수도 있습니다. 우리나라에서는 주로 ^_^ (smile)과 같이 딱 보면 알 수 있는 스타일의 이모티콘을 쓰는 반면 서양에서는 주로 고개를 왼쪽으로 틀어야 볼 수 있는 이모티콘을 많이 쓴답니다.

이 외에 알파벳을 이용해 만드는 이모티콘이 있습니다. 예를 들면, 웃음을 의미하는 lol 이나 LMAO, ROFL과 같은 것들입니다. lol은 'laughing out loud'의 줄임말로 큰소리로 웃는 모습을 나타내고, LMAO는 'Laughing My Ass Off'로 배꼽이 빠질 정도로 웃기다는 의미, ROFL은 'Rolling On the Floor Laughing'으로 바닥을 데굴데굴 구르며 웃는다는 의미입니다. 또한 놀랐을 때는 OMG(Oh, My God)를 많이 쓰죠. 의성어를 통해서 기분을 나타내는 방법도 있습니다. kiki처럼 단순히 '키키'하고 웃는 소리를 표현한다거나 zzz와 같이 '쿨쿨' 푹 잠든 소리를 표현하기도 합니다.

자주 쓰이는 이모티콘을 알아두면 좀 더 친근하고 재미있게 대화를 나눌 수 있을 것 같죠?

# DAY 11
## 인체·생리현상
Body & Physiological Phenomena

# DAY 11 인체·생리현상

##  한눈에 배우는 영단어

**forehead** 이마
a square *forehead* 네모난 이마

**chin** 턱
a narrow *chin* 좁은 턱

**leg** 다리 ↔ **arm** 팔
long *legs* 긴 다리 / my left *arm* 내 왼팔

**foot** 발 ~ **toe** 발가락
a small *foot* 작은 발 / my big *toe* 내 큰 발가락

**cheek** 뺨
rosy *cheeks* 장미빛 뺨

**finger** 손가락 ~ **fingernail** 손톱
long *fingers* 긴 손가락 / cut my *fingernails* 손톱을 깎다

**knee** 무릎 ~ **ankle** 발목
a hurt *knee* 다친 무릎 / thin *ankles* 얇은 발목

**elbow** 팔꿈치 ~ **wrist** 손목
a sore *elbow* 아픈 팔꿈치 / on her *wrist* 그녀의 손목에

**chest** 가슴 = **breast** (여자의) 가슴
*chest* pain 가슴 통증 / *breast* feeding 모유 수유

**back** 등, 허리 ↔ **belly** 배
*back* pain 요통 / lie on my *belly* 엎드리다

**neck** 목, 목뼈 ~ **throat** 목, 목구멍
a short *neck* 짧은 목 / a sore *throat* 아픈 목, 인후염

통문장으로 핵심 단어 연습하기

핵심 단어들이 포함된 문장을 들으며 따라 말해보세요.

1. They resemble each other. They have { square foreheads / pointy chins / long legs / short arms / big feet }.

   그들은 서로 닮았어요. **네모 이마예요** / **턱이 뾰족해요** / **다리가 길어요** / **팔이 짧아요** / **발이 커요**.

2. It's too cold here. My { cheeks / fingers / toes } are frozen.

   여기는 너무 추워요. **뺨** / **손가락** / **발가락**이 얼었어요.

3. I think something is wrong with my { knee / elbow / ankle / wrist }.

   내 **무릎이** / **팔꿈치가** / **발목이** / **손목이** 뭔가 잘못된 것 같아요.

4. My { chest / back / neck } began to hurt a few months ago.

   **가슴** / **등** / **목**이 몇 달 전부터 아파요.

| | | |
|---|---|---|
| **dimple** 보조개<br>a cute *dimple* 귀여운 보조개 | ~ | **pimple** 여드름, 뾰루지<br>worry about *pimples* 여드름 때문에 걱정하다 |
| **freckle** 주근깨<br>covered with *freckles* 주근깨 투성이의 | ~ | **mole** 점<br>a small *mole* 작은 점 |
| **eyebrow** 눈썹<br>an *eyebrow* pencil 눈썹 연필 | ~ | **eyelash** 속눈썹<br>short *eyelashes* 짧은 속눈썹 |
| **eyelid** 눈꺼풀<br>a double *eyelid* 쌍꺼풀 | | |
| **jaw** 턱<br>the lower *jaw* 아래턱 | ~ | **tooth** (복수형 teeth) 치아, 이빨<br>have white *teeth* 치아가 하얗다 |
| **beard** 턱수염<br>trim a *beard* 턱수염을 다듬다 | ~ | **mustache** 콧수염<br>fake *mustache* 가짜 콧수염 |
| | ~ | **whisker** 구레나룻<br>grow a *whisker* 구레나룻을 기르다 |
| **burp** 트림하다<br>*burp* loudly 큰 소리로 트림하다 | | |
| **break wind** 방귀를 뀌다<br>*break wind* at a meeting 회의 중에 방귀 뀌다 | = | **fart** 방귀를 뀌다<br>*fart* by mistake 실수로 방귀를 뀌다 |
| **hiccup** 딸꾹질하다<br>keep *hiccupping* 계속 딸꾹질하다 | | |
| **sweat** 땀을 흘리다<br>*sweat* from a workout 운동으로 땀을 흘리다 | | |
| **yawn** 하품하다<br>*yawn* continuously 계속 하품하다 | ~ | **snore** 코를 골다<br>*snore* at night 밤에 코를 골다 |

## 통문장으로 핵심 단어 연습하기

핵심 단어들이 포함된 문장을 들으며 따라 말해보세요.

1. { Dimples / Freckles / Thick eyebrows / Double eyelids / Long eyelashes } on her face make her more attractive.

   그녀의 얼굴에 있는 **보조개가 / 주근깨가 / 숱 많은 눈썹이 / 쌍꺼풀이 / 긴 속눈썹이** 그녀를 더욱 매력적으로 만들어요.

2. The man looks fabulous. His { jaw / beard / mustache } is charming.

   저 남자는 멋져 보여요. 그의 **턱 / 턱수염 / 콧수염**이 매력적이에요.

3. It's rude to { burp / break wind / fart } during mealtime.

   식사 중에 **트림하는 것 / 방귀를 뀌는 것 / 방귀를 뀌는 것**은 무례해요.

4. If you { hiccup too often / sweat too much / yawn too often / snore too loudly }, I think you should see a doctor.

   **딸꾹질을 너무 자주 한다면 / 땀을 너무 많이 흘린다면 / 하품을 너무 자주 한다면 / 코를 너무 크게 곤다면**, 진찰 받아 보는 것이 좋겠습니다.

## 생생 단어팁

## 신체 관련 표현

영어에는 신체 일부가 들어가는 관용표현이 참 많은데요. face(얼굴)가 들어간 표현만도 여러 가지가 있습니다. make face가 무슨 의미일까요? 얼굴을 만들다? 그게 아니고 '얼굴을 찡그리다'라는 뜻입니다. lose face는 얼굴을 잃다, 즉 '체면을 잃다'는 뜻이 됩니다.

- lose face 체면을 잃다
- save face 체면을 유지하다

neck(목)을 사용하는 표현도 꽤 있는데요. a pain in the neck이라는 말이 있습니다. 목에 뭐가 걸려 있는 느낌을 상상해보세요. 갑갑하고 걸리적거리고 귀찮은 느낌이 드시죠? 바로 그겁니다. 우리 말로는 '눈엣가시'라고 표현하죠. neck and neck이라는 표현도 있는데요. 경마에서 두 마리 말이 나란히 선두 다툼을 하는 광경을 떠올리면 '막상막하'라는 의미가 이해가 되실 겁니다. 그래서 win by a neck이라고 하면 '간발의 차이로 이기다'라는 뜻이 됩니다.

- win by a neck 간발의 차이로 이기다
- lose by a neck 간발의 차이로 지다

얼굴에 있는 부위별로도 다양한 표현들이 있는데요. 우선 nose에서 비롯된 nosy라는 단어가 있습니다. nosy는 코를 들이민다는 의미로, '참견하기 좋아하는'이라는 뜻입니다. 주위에 보면 항상 nosy person이 있죠. mouth가 들어간 표현으로는 big mouth가 있는데, 입이 크다는 의미가 아니라, '입이 싼 사람'을 뜻합니다. "I'm all ears"라는 표현을 들어본 적 있으신가요? 이는 '들을 준비가 되어 있다, 궁금해 죽겠다'라는 의미로 쓰입니다. a sweet tooth는 많이 들어보셨죠? have a sweet tooth라고 하면 '단 것을 좋아한다'는 뜻입니다.

참 다양하고 기발한 표현들이 많죠? 기억해두었다가 적절히 잘 사용해보세요.

# DAY 12

## 건강
Health

정말 아픈데도 신기하게 일어나지더라...
이게 부모 마음인가봐...

# DAY 12 건강

## 🐦 한눈에 배우는 영단어

**cough** 기침
have a *cough* 기침을 하다

~

**runny nose** 콧물
have a *runny nose* 콧물이 나다

**sore** 아픈
a *sore* throat 아픈 목, 인후염

=

**hurt** 아픈, 다친
a *hurt* knee 다친 무릎

**pain** 통증, 고통
feel *pain* 통증을 느끼다

**headache** 두통
have a *headache* 머리가 아프다

~

**toothache** 치통
a bad *toothache* 심각한 치통

**stomachache** 복통, 배탈
suffer from *stomachache* 배탈을 앓다

~

**backache** 요통
have a *backache* 허리가 아프다

**see a doctor** 진찰 받다
Go *see a doctor.* 진찰 받으러 가봐.

~

**examine** 진찰하다
*examine* a patient 환자를 진찰하다

**cut down on** ~을 줄이다
*cut down on* sweets 단 것을 줄이다

**medicine** 약, 의학
take *medicine* 약을 복용하다

~

**painkiller** 진통제
strong *painkillers* 강력한 진통제

**skip** 건너뛰다, 빼먹다
*skip* a meal 식사를 거르다

**overeat** 과식하다
*overeat* at night 밤에 과식하다

**irregularly** 불규칙적으로
meet *irregularly* 비정기적으로 만나다

↔

**regularly** 규칙적으로
eat *regularly* 규칙적으로 먹다

**통문장으로 핵심 단어 연습하기**

핵심 단어들이 포함된 문장을 들으며 따라 말해보세요.

1. My fever is gone, but I still have { a cough / a sore throat / a runny nose / pains in my chest }.

   열은 내렸지만, 나는 여전히 **기침을 해요** / **목이 아파요** / **콧물이 나요** / **가슴에 통증이 있어요**.

2. My brother has a bad { headache / toothache / stomachache / backache }.

   내 남동생은 **두통** / **치통** / **복통** / **요통**이 심해요.

3. I think he should { see a doctor / cut down on smoking / take medicine / take painkillers }.

   그는 **진찰을 받아야** / **담배를 줄여야** / **약을 먹어야** / **진통제를 먹어야** 할 것 같아요.

4. It's not good for your health to { skip breakfast / overeat / eat irregularly }.

   **아침 식사를 거르는 것은** / **과식하는 것은** / **불규칙적으로 먹는 것은** 건강에 좋지 않습니다.

 한눈에 배우는 영단어

| | | |
|---|---|---|
| **healthful** 건강에 좋은<br>*healthful* meals 건강에 좋은 식사 | → | **healthy** 건강한<br>be *healthy* 건강하다 |
| **relieve** 완화시키다<br>*relieve* pain 고통을 완화시키다 | = | **reduce** 줄이다<br>*reduce* stress 스트레스를 줄이다 |
| **quit** 중지하다, 그만두다<br>*quit* smoking 담배를 끊다 | = | **stop** 중지하다, 그만두다<br>*stop* eating candy 사탕을 그만 먹다 |
| **avoid** 피하다<br>*avoid* liquor 술을 피하다 | | |
| **overweight** 과체중의<br>be *overweight* 살이 너무 많이 찌다 | ↔ | **underweight** 표준 체중 이하의<br>be *underweight* 너무 마르다 |
| **near-sighted** 근시의<br>*near-sighted* vision 근시 | ↔ | **far-sighted** 원시의<br>*far-sighted* vision 원시 |
| **allergy** 알레르기<br>have an *allergy* 알레르기가 있다 | → | **allergic** 알레르기가 있는<br>*allergic* to cats 고양이 알레르기가 있는 |
| **mental** 정신적인<br>*mental* stress 정신적인 스트레스 | ↔ | **physical** 육체적인<br>*physical* pain 육체적인 고통 |
| **illness** 병<br>a mild *illness* 가벼운 병 | = | **disease** 병<br>a common *disease* 흔한 병 |
| **incurable** 불치의<br>an *incurable* disease 불치병 | ↔ | **curable** 치유할 수 있는<br>a *curable* disease 고칠 수 있는 병 |
| **balanced** 균형 잡힌<br>a *balanced* budget 균형 예산 | ~ | **diet** 식이요법, 다이어트<br>go on a *diet* 다이어트 하다 |
| **workout** 운동<br>an intense *workout* 격렬한 운동 | ~ | **weight** 무게, 체중<br>lose *weight* 살을 빼다 |

## 통문장으로 핵심 단어 연습하기

핵심 단어들이 포함된 문장을 들으며 따라 말해보세요.

1. It's important to { eat healthful foods / relieve stress / quit drinking alcohol / avoid sweets } to stay healthy.

   건강을 유지하기 위해서는 **건강에 좋은 음식을 먹는 것 / 스트레스를 푸는 것 / 술을 끊는 것 / 단 것을 피하는 것**이 중요합니다.

2. I think I'm a little { overweight / underweight / near-sighted / far-sighted }.

   나는 약간 **과체중 / 표준 체중 이하 / 근시 / 원시**인 것 같아요.

3. She's suffering from { an allergy to pollen / mental illness / an incurable disease }.

   그녀는 **꽃가루 알레르기로 / 정신 질환으로 / 불치병으로** 고생하고 있습니다.

4. I started to { eat a balanced diet / do moderate workouts / lose weight } for my health.

   나는 건강을 위해 **균형 잡힌 식사를 / 적당한 운동을 / 살을 빼기** 시작했어요.

Day 12 | 건강  **79**

## 생생 단어팁

## 아프다

'어디가 아프다'라고 할 때 어떤 단어가 떠오르시나요? ache나 hurt는 '~가 아프다'고 할 때 쓰는 말들입니다. 그러나 그 쓰임은 조금 다른데요. hurt는 몸에 부상을 입어 아픈 경우나 어떤 행동에 의해 아픈 경우에 많이 쓰입니다. 또한 감정적으로 상처를 받았을 때 사용하기도 합니다.

- It really hurts when I bend my knee. 저는 무릎을 구부리면 정말 아파요.
- You hurt me. 당신은(당신의 말이) 날 아프게 하네요.

반면 ache는 지속적이지만 그다지 심하게 아프지 않을 때 사용합니다.

- I'm aching all over. 나는 온 몸이 아파요.

ache는 동사로 쓰이기도 하지만 주로 신체 부위 뒤에 붙어서 -ache라는 명사형으로 쓰입니다. 일반적으로 '~통'이라는 말을 할 때 부위를 나타내는 단어와 결합되죠. 두통은 headache, 치통은 toothache, 복통은 stomachache라고 표현합니다. '머리가 아프다, 두통이 있다'고 말할 때는 'I have a headache'와 같이 have나 get 뒤에 질병의 이름을 붙여주면 됩니다.

- I have a stomachache. 배가 아파요.
- I have a backache. 요통이 있어요.

또는 비슷한 표현으로 I have stomach pains(배가 아프다), I have chest pains(가슴이 아프다) 등으로도 쓸 수 있습니다.

hurt, ache, pain 등 몸이 아플 때 쓰는 다양한 표현을 알아두면 유용하겠죠?

# DAY 13
## 병원
Hospital

칭찬은 감자를 주사맞게 하는구나... ㅋ

# DAY 13 병원

##  한눈에 배우는 영단어

**medical** 의학의
*medical* insurance 의료 보험

**check-up** 검진
a regular *check-up* 정기 검진

= **examination** 검사, 시험
*examination* results 검사[시험] 결과

**temperature** 온도
body *temperature* 체온

**blood pressure** 혈압
high *blood pressure* 고혈압

~ **pulse** 맥박
a *pulse* rate 맥박수

**prescribe** 처방을 내리다
*prescribe* for a patient 환자에게 처방을 내리다

→ **prescription** 처방, 처방약, 처방전
pick up a *prescription* 처방약을 받다

**treatment** 치료, 치료법
an effective *treatment* 효율적인 치료(법)

= **cure** 치료, 치료법
a simple *cure* 간단한 치료(법)

**emergency** 응급상황, 비상사태
an *emergency* room 응급실

~ **first-aid** 응급 처치
a *first-aid* kit 구급 상자

**operation** 수술
a complex *operation* 복잡한 수술

= **surgery** 수술
undergo *surgery* 수술을 받다

**shot** 주사
get a flu *shot* 독감 주사를 맞다

= **injection** 주사, 주입
a painful *injection* 아픈 주사

**antibiotic** 항생의, 항생제
*antibiotic* drugs 항생제

**immune system** 면역 체계
a weak *immune system* 약한 면역 체계

→ **immunity** 면역, 면역성
*immunity* to a disease 병에 대한 면역

##  통문장으로 핵심 단어 연습하기

핵심 단어들이 포함된 문장을 들으며 따라 말해보세요.

**1.** I went for { a medical check-up / a physical examination / an eye examination } yesterday.

나는 어제 **건강 검진을 / 신체검사를 / 안과검진을** 받으러 갔습니다.

**2.** The doctor { took my temperature / took my blood pressure / took my pulse / prescribed some medicine for me }.

의사 선생님은 **내 체온을 쟀어요 / 내 혈압을 쟀어요 / 내 맥박을 쟀어요 / 약을 처방해 주었어요**.

**3.** { Proper medical treatment / An emergency operation / First-aid treatment } is required as soon as possible.

가능한 한 빨리 **적절한 치료를 / 응급 수술을 / 응급 치료를** 해야 해요.

**4.** He recommended that I should { get a shot / take antibiotic drugs / boost my immune system }.

그는 나에게 **주사를 맞으라고 / 항생제를 먹으라고 / 면역체계를 강화하라고** 권했습니다.

## 한눈에 배우는 영단어

**flu** 독감
*flu* symptoms 독감 증상

~

**cold** 감기
catch a *cold* 감기에 걸리다

**muscleache** 근육통
*muscleache* after a workout 운동 후의 근육통

**cavity** 충치
get a *cavity* 충치가 생기다

=

**tooth decay** 충치
*tooth decay* from sugar 당분으로 인한 충치

**serious** 심각한
*serious* questions 심각한 질문들

↔

**mild** 가벼운
a *mild* fever 미열

**surgeon** 외과의사
a brain *surgeon* 뇌 외과 전문의

↔

**physician** 내과의사
become a *physician* 내과의사가 되다

**dentist** 치과의사
go to see the *dentist* 치과에 가다

**psychiatrist** 정신과의사
a child *psychiatrist* 소아 정신과 전문의

~

**psychologist** 심리학자
an educational *psychologist* 교육심리학자

**veterinarian** 수의사 (= vet)
the role of the *veterinarian* 수의사의 역할

**cast** 깁스
wear a *cast* 깁스를 하다

~

**crutch** 목발
walk on *crutches* 목발을 짚고 걷다

**stitch** 실밥, 봉합
seven *stitches* 일곱 바늘

~

**bandage** 붕대
change a *bandage* 붕대를 갈다

**blister** 물집
*blister* on my hand 내 손의 물집

**recover** 회복하다
*recover* his health 그의 건강을 되찾다

→

**recovery** 회복
a *recovery* room 회복실

## 통문장으로 핵심 단어 연습하기

핵심 단어들이 포함된 문장을 들으며 따라 말해보세요.

1. I think I have { the flu / muscleaches all over / a cavity / a serious illness }.

독감에 걸린 것 / 온 몸이 쑤시는 것 / 충치가 있는 것 / 심각한 병에 걸린 것 같아요.

2. What did the { surgeon / dentist / psychiatrist / veterinarian } say? Can it be cured?

외과 의사 / 치과 의사 / 정신과 의사 / 수의사 선생님이 뭐라고 하셨나요? 치료가 가능한가요?

3. Is it all right if I { take off the cast / take my stitches out / pop a blister }?

깁스를 풀어도 / 실밥을 뽑아도 / 물집을 터뜨려도 괜찮을까요?

4. I hope you { have a quick recovery / get well soon / recover soon }.

빠른 회복을 / 곧 괜찮아 지시기를 / 곧 회복하시기를 바랍니다.

**생생 단어팁**

## 성형수술

요즘 남녀노소 가리지 않고 미용에 대한 관심이 높아지면서 더불어 성형에 대한 관심도 높아졌습니다. 성형수술은 plastic surgery라고 하죠. 특히 미용 목적의 성형은 cosmetic surgery라고 부릅니다. plastic은 형용사로 '모양이 마음대로 되는, 모양을 바꿀 수 있는'이라는 의미를 가지고 있답니다.

face에 '올리다'라는 뜻의 lift가 합쳐진 facelift는 '주름살 제거 수술'이라는 뜻입니다. 주름(wrinkles)을 당겨 올린다는 의미에서 온 말이겠죠. face off라는 표현도 있습니다. 주인공이 얼굴을 바꾸는 영화 <Face Off>가 생각나는 사람도 있을 텐데요. 요즘 성형수술은 거의 face off 수준이라는 말도 많이 하곤 하죠.

성형수술의 가장 대표적인 주자는 아마 double eyelid surgery(쌍꺼풀 수술)일 것입니다. 쌍꺼풀 수술 다음으로 많이 하는 성형수술은 콧대나 콧망울을 예쁘게 만들기 위한 nose job(코 수술)이라고 하네요. 광대뼈를 교정하기도(reshape the cheekbones) 하죠. 특히 서양 사람들은 광대뼈를 올리는 성형(cheek lift)을 좋아한다고 합니다.

얼굴뿐만 아니라 몸도 성형을 하죠. 가슴 성형(breast lift)도 있고, 날씬한 몸매를 위해 지방을 제거하는 liposuction(지방흡입술)을 하기도 합니다. 지방흡입술 중에서도 복부지방을 제거하는 수술은 tummy tucking이라고 부릅니다.

예뻐지고 멋있어지고 싶은 마음은 모두가 같겠지만 과도한 성형으로 인해 본인만의 아름다움을 잃게 되면 안되겠지요?

# DAY 14

## 교육
Education

"못할 수도 있지. 뭘 그렇게 애를 때려잡어~?"
"니는 애 낳으면 안 그럴 줄 아냐?"

나는 안 그럴 것 같은뎅...

## DAY 14 교육

🐦 한눈에 배우는 영단어

| | | |
|---|---|---|
| **subject** 과목<br>my favorite *subject* 내가 좋아하는 과목 | = | **course** 과정, 과목<br>a difficult *course* 어려운 과목 |
| **P.E** (= physical education) 체육<br>take *P.E.* class 체육 수업을 받다 | = | **gym** 체육, 체조, 체육관<br>go to *gym* class 체육 수업에 가다 |
| **literature** 문학<br>Korean *literature* 한국 문학 | | |
| **science** 과학<br>study *science* 과학을 공부하다 | ~ | **social science** 사회, 사회과학<br>*social science* courses 사회과학 과정들 |
| **major** 전공하다, 전공<br>*major* in economics 경제학을 전공하다 | ↔ | **minor** 부전공하다, 부전공<br>*minor* in biology 생물학을 부전공하다 |
| **fail** 떨어지다, 낙제하다<br>*fail* the exam 시험에서 떨어지다 | = | **flunk** 낙제하다, 떨어지다<br>*flunk* math 수학을 낙제하다 |
| **graduate** 졸업하다<br>*graduate* from college 대학을 졸업하다 | ↔ | **drop out** 중퇴하다<br>*drop out* of college 대학을 중퇴하다 |
| **diploma** 졸업장, 수료증<br>receive a *diploma* 졸업장을 받다 | ~ | **degree** 학위<br>a four-year *degree* 4년제 학위 |
| **graduate school** 대학원<br>a famous *graduate school* 유명 대학원 | ~ | **undergraduate** 학부의<br>*undergraduate* classes 학부 수업들 |
| **bachelor's degree** 학사 (학위)<br>*bachelor's degree* in engineering 공학 학사 | ~ | **master's degree** 석사 (학위)<br>*master's degree* in fine arts 미술 석사 |
| **Ph.D** (= Doctor of Philosophy) 박사 (학위)<br>earn a *Ph.D* 박사 학위를 따다 | = | **doctoral** 박사의<br>a *doctoral* thesis 박사 논문 |

##  통문장으로 핵심 단어 연습하기

핵심 단어들이 포함된 문장을 들으며 따라 말해보세요.

1. My favorite subject is { P.E. / literature / science / social science }. What's yours?

   내가 가장 좋아하는 과목은 **체육 / 문학 / 과학 / 사회**야. 네가 좋아하는 과목은 뭐야?

2. I { am majoring in / am minoring in / failed } marketing at the university.

   대학교에서 마케팅을 **전공하고 있어요 / 부전공하고 있어요 / 낙제했어요**.

3. I'm going to { graduate / get my diploma / drop out / finish my graduate school } this year.

   나는 올해 **졸업할 / 졸업장을 딸 / 중퇴할 / 대학원을 졸업할** 예정이에요.

4. I'd like to study abroad after I get a { bachelor's degree / master's degree / doctoral degree }.

   저는 **학사 학위 / 석사 학위 / 박사 학위**를 딴 후에 유학 가고 싶어요.

## 한눈에 배우는 영단어

| | | |
|---|---|---|
| **assignment** 과제, 숙제<br>turn in an *assignment* 과제를 제출하다 | ~ | **essay** (짧은) 논문, 작문<br>write an *essay* 논문을 쓰다 |
| **mid-term** 중간의, 중간시험<br>take a *mid-term* 중간고사를 보다 | ↔ | **final** 기말의, 기말시험<br>*final* exams 기말고사 |
| **field trip** 현장학습<br>go on a *field trip* 현장학습을 가다 | ~ | **outing** 소풍, 야유회<br>a class *outing* 학급 소풍 |
| **sports day** 운동회<br>a school *sports day* 학교 운동회 | ~ | **fair** 축제, 장, 박람회<br>a book *fair* 도서전 |
| **fundraising** 모금, 기금 마련<br>*fundraising* activities 모금 활동 | ~ | **charity event** 자선행사<br>a *charity event* at school 학교 자선행사 |
| **orientation** 오리엔테이션<br>an *orientation* day 오리엔테이션 날 | ~ | **open house** (학교, 기숙사 등의) 공개일<br>hold an *open house* 오픈 하우스를 하다 |
| **tutor** 개인 교사<br>have a *tutor* 개인 교사를 두다 | | |
| **scholarship** 장학금<br>win a *scholarship* 장학금을 받다 | ~ | **tuition** 등록금, 수업료<br>pay *tuition* 등록금을 지불하다 |
| **suspend** 정학시키다<br>*suspend* a student 학생을 정학시키다 | → | **suspension** 정학<br>a *suspension* from school 학교로부터 정학 |
| **cheating** 부정행위<br>*cheating* on tests 시험에서의 부정행위 | ~ | **plagiarism** 표절<br>*plagiarism* on an essay 논문 표절 |
| **bullying** 집단 따돌림, 약자 괴롭히기<br>anti-*bullying* campaigns 따돌림 반대 운동 | | |
| **attendance** 출석<br>a good *attendance* record 훌륭한 출석 기록 | ↔ | **absence** 결석<br>a long *absence* 장기 결석 |

통문장으로 핵심 단어 연습하기

핵심 단어들이 포함된 문장을 들으며 따라 말해보세요.

1. Please turn in your { assignment / essay / mid-term report } by Friday.

   금요일까지 **과제를 / 논문을 / 중간 레포트를** 제출하세요.

2. We're going to { take a field trip / have a sports day / hold Spring Fair / have a fundraising event } this Thursday.

   우리는 이번 주 목요일에 **현장학습을 갑니다 / 운동회를 합니다 / 봄축제를 합니다 / 기금 마련 행사를 합니다**.

3. I think you should { attend the orientation / find a tutor / apply for a scholarship }.

   너는 **오리엔테이션에 참가하는 게 / 과외 선생님을 구하는 게 / 장학금을 신청하는 게** 좋겠어.

4. Peter was suspended from school for { cheating / plagiarism / bullying / poor attendance }.

   피터는 **시험부정행위로 / 표절로 / 왕따를 시켜서 / 출석 미달로** 정학을 당했어요.

**생생 단어팁**

**K-12**

미국의 교육제도는 K-12라고 부르는데요. kindergarten(유치원)부터 12학년(우리나라 고3)까지 13년간의 무상교육기간을 부르는 말입니다.

미국에서는 유치원(kindergarten)도 학교에서 시작하는 의무교육과정 중의 하나입니다. 그 이전에는 nursery나 day care center, preschool 등을 다니다가 kindergarten부터 본격적으로 학교생활을 시작하죠. nursery와 day care center는 우리나라의 어린이집이나 놀이방 개념으로, 교육보다는 보육을 중점으로 하는 곳입니다. preschool은 우리나라 유치원 개념이지만, 의무교육인 kindergarten 이전에 다니는 유치원이죠. kindergarten부터는 elementary school(초등학교)을 다닙니다.

미국도 우리나라와 마찬가지로 초중고 과정이 있지만, 미국은 지역에 따라, 학교에 따라 부르는 이름도, 학제도 다양한 것이 특징입니다. 초등학교(elementary school)를 grammar school이라 부르는 곳도 있으며, 지역에 따라 5학년까지 있는 곳도 있고, 6학년까지 있는 곳도 있는 등 다양합니다.

중학교도 마찬가지입니다. middle school, junior high school 등으로 불리고, 6-8학년 또는 7-8학년이 다닙니다. 고등학교는 9학년부터 12학년까지로 high school 또는 senior high school이라 부르는데요. 중고등 과정이 같이 있는 학교는 secondary school이라 하여, 12~18세까지의 학생들이 다니기도 합니다.

우리나라는 초등학교 1학년 입학이 시작인데, 미국은 kindergarten 입학으로 학교생활이 시작된다니 우리나라보다 선행학습을 한다고 해야 하나요?

# DAY 15

## 직장생활
At Work

사무실 옥상에 올라가 하늘 보기
내가 제일 좋아하는 시간...

## DAY 15 직장생활

### 🐦 한눈에 배우는 영단어

| | | |
|---|---|---|
| **résumé** 이력서<br>a long *résumé* 긴 이력서 | ~ | **cover letter** 자기소개서<br>a brief *cover letter* 간단한 자기소개서 |
| | ~ | **portfolio** 작품집, 포트폴리오<br>Bring your *portfolio*. 포트폴리오를 가져와라. |
| **fill out** 작성하다<br>*fill out* a form 서류를 작성하다 | | |
| **application** 지원, 지원서<br>a job *application* 입사지원서 | → | **applicant** 지원자<br>a job *applicant* 구직자 |
| **interview** 인터뷰, 인터뷰하다<br>*interview* for a job 취업을 위해 면접을 보다 | ~ | **screening** 심사, 선발<br>a *screening* process 선발 과정 |
| **employ** 고용하다<br>*employ* a large staff 직원을 많이 고용하다 | = | **recruit** 모집하다, 채용하다<br>*recruit* members 회원을 모집하다 |
| **full-time** 정규직의, 전임의<br>a *full-time* job 정규직 | ↔ | **part-time** 시간제의<br>a *part-time* work 시간제 일 |
| | ~ | **freelance** 프리랜서로 일하는<br>a *freelance* writer 프리랜서 작가 |
| **annual salary** 연봉<br>a high *annual salary* 높은 연봉 | ~ | **benefit** 수당, 보조금<br>child *benefit* 육아 수당 |
| **position** 지위, 자리<br>a high-paying *position* 고액 연봉의 지위 | ~ | **career** 경력<br>a *career* in law 법조계의 경력 |
| **working hours** 근무 시간<br>long *working hours* 긴 근무 시간 | ~ | **work schedule** 근무 시간표<br>a busy *work schedule* 바쁜 근무 시간표 |

## 통문장으로 핵심 단어 연습하기

핵심 단어들이 포함된 문장을 들으며 따라 말해보세요.

1. Could you { submit your résumé / fill out this application / come in for an interview } ?

   이력서를 제출해 / 이 신청서를 작성해 / 면접에 와주시겠어요?

2. I { interviewed / employed / recruited } applicants for the new department.

   나는 새 부서를 위해 지원자들을 **인터뷰 / 고용 / 모집**했습니다.

3. Does he have a { full-time / part-time / freelance } job?

   그는 **정규직 / 시간제 근무직 / 자유직**입니까?

4. Are you content with your { annual salary / benefits / position / working hours } ?

   당신은 **연봉 / 수당 / 지위 / 근무 시간**에 만족하세요?

 한눈에 배우는 영단어

| | |
|---|---|
| **presentation** 발표, 프레젠테이션<br>a sales *presentation* 판매 실적 발표 | **speech** 연설<br>a retirement *speech* 은퇴 연설 |
| **overtime** 초과 근무<br>*overtime* hours 초과 근무 시간 | |
| **take ~ off** 시간을 내다, 쉬다<br>*take* a day *off* 하루 휴가를 내다 | **sick leave** 병가<br>take *sick leave* 병가를 내다 |
| **marketing** 마케팅, 판매<br>a *marketing* campaign 마케팅 캠페인 | **promotion** 판촉, 홍보<br>a new sales *promotion* 새로운 판촉 활동 |
| **staff** 직원<br>sales *staff* 영업 직원 | **employee** 직원<br>experienced *employees* 경력 직원 |
| **vice president** 부사장<br>a competent *vice president* 유능한 부사장 | **supervisor** 감독, 관리자, 상관<br>a department *supervisor* 부서 관리자 |
| **colleague** 동료<br>a new *colleague* 새로운 동료 | **coworker** 동료<br>a *coworker* on my team 같은 팀 동료 |
| **human resource** 인적 자원<br>*human resource* administration 인사 관리 | **accounting** 회계<br>the *accounting* department 회계부서 |
| **sales** 영업, 판매<br>the *sales* team 영업팀 | **customer service** 고객 관리<br>*customer service* representatives 고객 관리 직원 |
| **reboot** 재부팅하다<br>*reboot* the computer 컴퓨터를 재부팅하다 | **restart** 재시작하다<br>*restart* the system 시스템을 재시작하다 |
| **back up** (파일, 프로그램 등을) 백업하다<br>*back up* a file 파일을 백업하다 | |
| **IT** (= Information Technology) 정보 통신 기술<br>the *IT* industry 정보 통신 산업 | **high-tech** 최첨단의<br>the *high-tech* industry 최첨단 산업 |

## 통문장으로 핵심 단어 연습하기

핵심 단어들이 포함된 문장을 들으며 따라 말해보세요.

1. I have to { make a presentation / work overtime / take a day off / take sick leave } tomorrow.

   나는 내일 **발표를 해야** / **초과 근무를 해야** / **하루 쉬어야** / **병가를 내야** 해요.

2. I have a meeting with { the marketing staff / the vice president / my supervisor / my colleagues }.

   나는 **마케팅 직원들과** / **부사장님과** / **상사와** / **동료들과** 회의가 있습니다.

3. I work as a manager in { human resources / accounting / sales / customer service }.

   나는 **인사부** / **회계부** / **영업부** / **고객서비스부** 부장으로 일하고 있습니다.

4. Why don't you { reboot it / restart it / back up your files / contact the IT team }?

   **재부팅해보는 게** / **재시작해보는 게** / **파일들을 백업하는 게** / **전산팀에 연락해보는 게** 어때요?

Day 15 | 직장생활  **97**

## 생생 단어팁

### -er/-ee

worker, teacher, singer … 이 단어들의 공통점은 무엇일까요? 바로 동사에 -er이라는 접미사가 붙어 '~하는 사람'이라는 의미가 된 단어들이죠. work는 '일하다'라는 의미의 동사이고, worker는 '일하는 사람' 즉, '직원'을 뜻하는 단어입니다. 이렇게 만들어진 단어들은 어떤 것들이 있을까요?

- manage (관리하다) + -er → manager (관리자)
- produce (생산하다) + -er → producer (생산자)

이 밖에도 writer, player, swimmer 등 -er이 붙어 '~하는 사람'이 되는 단어는 무수하게 많습니다. -er이란 접미사만 붙이면 쉽게 단어를 만들 수 있으니까요.

employer 역시 '고용하다'라는 의미의 employ에 -er이 붙어서 만들어진 '고용주'라는 단어인데요. employee라는 단어도 보신 적이 있을 겁니다. 접미사 -ee가 붙은 것인데요. -er이 '~를 하는 사람'이라는 능동적인 의미를 갖는 반면, -ee는 '~를 받는 사람'이라는 수동의 의미를 가지게 됩니다. 그래서 employer가 다른 사람을 고용하는 '고용주'라는 의미가 되고, employee는 employer에 의해 고용된 사람, 즉 '직원'이라는 의미가 된 것입니다.

'면접하다'라는 의미의 interview에 적용해볼까요? 접미사의 의미만 알고 있으면 -er를 붙일 땐 interviewer로 '면접관', -ee를 붙일 땐 interviewee로 '면접 응시자'가 된다는 것을 쉽게 알 수 있을 것입니다. 이 외에 examine(심사하다)이라는 단어의 경우도 examiner는 '심사위원', examinee는 '수험자'가 된답니다.

접미사에 따라 사람의 지위가 달라지는군요. 이제 -er과 -ee의 관계를 확실히 아시겠죠?

# DAY 16

## 서비스 주고받기
Services

# DAY 16　서비스 주고받기

## 🐦 한눈에 배우는 영단어

| | | |
|---|---|---|
| **fix** 수리하다<br>*fix* a machine 기계를 수리하다 | = | **repair** 수리하다<br>*repair* a car 자동차를 수리하다 |
| | = | **mend** 수선하다, 수리하다<br>*mend* a shirt 셔츠를 수선하다 |
| **restore** 복구하다<br>*restore* a painting 그림을 복원하다 | | |
| **remove** 제거하다<br>*remove* a stain 얼룩을 제거하다 | = | **take out** 꺼내다, 빼다<br>*take out* a stain 얼룩을 빼다 |
| **stain** 얼룩<br>wash a *stain* out 얼룩을 씻어내다 | = | **spot** 점, 얼룩<br>remove a *spot* 얼룩을 빼다 |
| **shorten** 짧게 하다<br>*shorten* a dress 드레스를 줄이다 | ↔ | **lengthen** 길게 하다<br>*lengthen* a street 도로를 연장하다 |
| **dry-clean** 드라이클리닝하다<br>*dry-clean* wool 모직제품을 드라이클리닝하다 | ~ | **hand wash** 손빨래하다<br>*hand wash* only 손빨래만 가능 |
| **iron** 다림질하다<br>*iron* the clothes 옷을 다림질하다 | ~ | **sew** 바느질하다<br>how to *sew* 바느질하는 법 |
| **shine** ~을 닦다, 윤을 내다<br>*shine* shoes 구두를 닦다 | | |
| **cut ~ short** 짧게 자르다<br>get my hair *cut short* 머리를 짧게 자르다 | ~ | **trim** 다듬다<br>*trim* my hair 머리를 다듬다 |
| **perm** 파마<br>get a *perm* 파마를 하다 | ~ | **dye** 염색하다<br>*dye* my hair 머리를 염색하다 |

## 통문장으로 핵심 단어 연습하기

핵심 단어들이 포함된 문장을 들으며 따라 말해보세요.

1. Could you { fix / repair / mend / restore } it?

   그걸 **고칠** / **수리할** / **수선할** / **복원할** 수 있을까요?

2. Can you { remove the stain / take the stain out / shorten the pants / lengthen the pants } ?

   **얼룩을 제거할** / **얼룩을 뺄** / **바지의 기장을 줄일** / **바지의 기장을 늘릴** 수 있나요?

3. I need { this jacket dry-cleaned / these pants ironed / these shoes shined } .

   **이 재킷을 드라이클리닝해야** / **이 바지를 다림질해야** / **이 구두를 닦아야** 해요.

4. I'd like to { get my hair cut short / get a perm / dye my hair purple } .

   **머리를 짧게 자르고** / **파마를 하고** / **머리를 자주색으로 염색하고** 싶은데요.

## 한눈에 배우는 영단어

| | | |
|---|---|---|
| **pickup** 수거, 주문한 것을 가지러 감<br>Is this for *pickup*? 가지러 오실 건가요? | ↔ | **delivery** 배달<br>a fast *delivery* 신속 배달 |
| **for here** 여기서 먹다<br>*For here*, please. 여기서 먹겠습니다. | ↔ | **to go** 가져가다<br>order it *to go* 가져가는 것으로 주문하다 |
| **under warranty** 보증 기간 중인<br>still *under warranty* 아직 보증 기간 중인 | ↔ | **out of warranty** 보증 기간이 끝난<br>go *out of warranty* 보증 기간이 끝나다 |
| **free of charge** 무료로<br>given out *free of charge* 무료로 나눠준 | ~ | **service charge** 서비스 요금, 수수료<br>a small *service charge* 약간의 수수료 |
| **hang** 걸다, 매달다<br>*hang* wallpaper 벽지를 바르다 | | |
| **sink** 싱크대<br>replace the *sink* 싱크대를 교체하다 | | |
| **paint** 페인트칠하다<br>*paint* a room 방을 페인트칠하다 | ~ | **retile** 타일을 다시 깔다<br>*retile* the floor 바닥에 타일을 다시 깔다 |
| **technician** 기술자<br>a computer *technician* 컴퓨터 기술자 | = | **mechanic** 정비공, 수리공<br>an auto *mechanic* 자동차 정비공 |
| **disconnected** 끊긴, 단절된<br>the *disconnected* Internet 끊긴 인터넷 | ↔ | **connected** 연결된, 접속된<br>a *connected* laptop 연결된 노트북 |
| **clogged** 막힌<br>a *clogged* drain 막힌 하수구 | = | **blocked** 막힌<br>*blocked* pipes 막힌 파이프 |
| **leaking** 새는<br>a *leaking* ceiling 새는 천장 | ~ | **burst** 터진, 파열된<br>*burst* pipes 터진 파이프 |
| **blown** (퓨즈 등이) 끊어진<br>a *blown* light bulb 퓨즈가 끊어진 전구 | = | **dead** 죽은, 다 닳은<br>a *dead* battery 수명이 다 된 건전지 |

**통문장으로 핵심 단어 연습하기**

핵심 단어들이 포함된 문장을 들으며 따라 말해보세요.

1. Is this for { pickup or delivery / here or to go } ?

   이거 **가지러 오실 건가요, 아니면 배달시키실 건가요 / 여기서 드실 건가요, 아니면 가져가실 건가요**?

2. Your laptop { is under warranty / is out of warranty / can be replaced free of charge }.

   당신 노트북은 **보증 기간 중입니다 / 보증 기간이 끝났습니다 / 무료로 교환될 수 있습니다**.

3. We need to { hang curtains / replace the sink / have the wall painted / have the bathroom retiled }.

   우리는 **커튼을 달아야 / 싱크대를 교체해야 / 벽을 페인트칠해야 / 욕실 타일을 다시 깔아야** 해요.

4. A technician came to fix the { disconnected Internet / clogged drain / leaking pipe / blown fuse }.

   기술자가 와서 **끊긴 인터넷을 / 막힌 배수관을 / 새는 파이프를 / 끊어진 퓨즈를** 고쳐주었어요.

## 생생 단어팁

# Service

service는 우리말로도 '서비스' 또는 '봉사'라는 뜻으로 쓰죠. 호텔, 식당, 상점 등에서의 손님에 대한 서비스를 포함하여 다양한 분야의 서비스를 일컫는 말입니다. 그래서 식당에서 음식을 가져다 주는 것을 서빙(serving)한다고 하고, 호텔에서 세탁을 해 주는 것을 laundry service라고 하지요. 또한 교회에서 드리는 예배도 영어로는 service라고 합니다.

옛날에는 돈이 많은 사람들이 하인을 데리고 있는 경우가 많았죠. 하인은 영어로 servant인데요. 마치 이 단어가 serve에서 비롯되었다고 생각하기 쉽지만 사실은 반대로 serve가 servant에서 비롯되었다고 합니다. servant가 하는 일이 serve라고 하여 '서비스를 제공하다'라는 의미의 단어가 된 것입니다.

service가 들어가는 표현은 실생활에서 흔히 볼 수 있죠. 식당에 가면 종종 '물은 셀프서비스(self-service)입니다'라고 쓰여진 문구를 볼 수 있습니다. 말 그대로 스스로 가져다 먹거나 사용하는 것을 말하는 것이죠.

그리고 영어권 나라에 가면 앞에 'NOT IN SERVICE' 또는 'OUT OF SERVICE'라고 쓰여진 버스들을 볼 수가 있을 텐데요. in service라고 하면 '서비스 중'이라는 뜻이 되겠고, out of service는 '서비스를 하지 않고 있다'는 의미가 되니까 손님을 태우지 않고 그냥 차고로 가는 버스를 뜻합니다. 이 표현의 뜻을 몰라서 왜 버스가 정류장에 서지 않고 가버리는지 모른 채 하염없이 버스를 기다리는 일이 있어서는 안되겠죠?

# DAY 17

### 전화 · 이메일 · 우편
Phone Calls, Emails & Letters

# DAY 17 전화·이메일·우편

## 한눈에 배우는 영단어

| | | |
|---|---|---|
| **long distance call** 장거리 통화<br>make a *long distance call* 장거리 통화를 하다 | ⇔ | **local call** 시내 통화<br>place a *local call* 시내 통화를 하다 |
| **international** 국제적인<br>an *international* call 국제 전화 | = | **overseas** 해외의<br>*overseas* flight 해외 비행 |
| **phone call** 전화 통화<br>make a *phone call* 전화를 걸다 | ~ | **wrong number** 잘못 걸린 전화<br>have the *wrong number* 전화를 잘못 걸다 |
| | ~ | **toll-free** 수신자 부담의<br>a *toll-free* number 수신자 부담 전화번호 |
| **text message** 문자 메시지<br>send a *text message* 문자 메시지를 보내다 | ⇔ | **spoken message** 음성 메시지<br>leave a *spoken message* 음성 메시지를 남기다 |
| **video call** 화상통화<br>make a *video call* 화상통화를 하다 | | |
| **put ~ through** (전화를) 바꿔 주다<br>I'll *put* you *through*. 바꿔 드릴게요. | = | **connect** 연결하다<br>*connect* to the Internet 인터넷에 연결하다 |
| | = | **transfer** 바꾸다<br>*transfer* a call 전화를 바꿔 주다 |
| **comment** (온라인의) 댓글<br>a blogger's *comment* 블로거의 댓글 | ~ | **review** 평<br>a user *review* 사용자의 평 |
| **leave** 남기다<br>*leave* a message 메시지를 남기다 | ⇔ | **take** 받다<br>*take* a message 메시지를 받다 |
| **log on** 로그인하다<br>*log on* to the account 계정에 로그인하다 | ⇔ | **log off** 로그아웃하다, 종료하다<br>*log off* the computer 컴퓨터를 종료하다 |

 통문장으로 핵심 단어 연습하기

핵심 단어들이 포함된 문장을 들으며 따라 말해보세요.

1. How much does { a long distance call / a local call / an international call / an overseas call } cost?

   장거리 통화 / 시내 통화 / 국제 전화 / 해외 전화는 요금에 얼마인가요?

2. I have to { make a phone call / send a text message / leave a spoken message / make a video call }. Can I use your phone?

   전화를 걸어야 / 문자 메시지를 보내야 / 음성 메시지를 남겨야 / 화상통화를 해야 하는데요. 당신 전화 좀 써도 될까요?

3. I'll { put you through / connect you with him / transfer you to him }. Hold the line, please.

   바꿔 드릴게요 / 그분께 연결해 드릴게요 / 그분께 연결해 드릴게요. 잠시만 기다리세요.

4. I often { post comments on / leave messages on / log on to } the social network service.

   나는 종종 SNS에 댓글을 달아요 / 메시지를 남겨요 / 로그인해요.

## 한눈에 배우는 영단어

| | | |
|---|---|---|
| **forward** 전달하다<br>*forward* the message 메시지를 전달하다 | = | **pass along** 전달하다, 전하다<br>*pass along* the message 메시지를 전달하다 |
| | ~ | **cc** (= carbon copy) 참조로 보내다<br>*cc* an e-mail 이메일을 참조로 보내다 |
| **bounce back** 되돌아오다<br>The email *bounced back*. 이메일이 되돌아 왔다. | ~ | **reject** 거절하다<br>*reject* an offer 제안을 거절하다 |
| **go through** 통과하다<br>*go through* customs 세관을 통과하다 | ~ | **accept** 수락하다, 받아들이다<br>*accept* an invitation 초대를 받아들이다 |
| **airmail** 항공 우편<br>send by *airmail* 항공 우편으로 보내다 | ↔ | **surface mail** 선박 우편<br>send by *surface mail* 선박 우편으로 보내다 |
| **express mail** 빠른 우편<br>by *express mail* 빠른 우편으로 | ↔ | **regular mail** 보통 우편<br>by *regular mail* 보통 우편으로 |
| **registered mail** 등기 우편<br>use *registered mail* 등기 우편을 사용하다 | ~ | **certified mail** 배달 증명 우편<br>send *certified mail* 배달 증명 우편을 보내다 |
| **insure** 보험에 들다<br>*insure* a parcel 소포를 보험에 가입하다 | → | **insurance** 보험<br>shipping *insurance* 운송 보험 |
| **package** 소포<br>mail a *package* 소포를 부치다 | = | **parcel** 소포<br>send a *parcel* 소포를 보내다 |
| **track** 추적하다<br>*track* a parcel 소포 배송 상황을 추적하다 | = | **check ~ status** 진행 상황을 확인하다<br>*check* my order *status* 내 주문 상황을 확인하다 |
| **enclose** 동봉하다<br>*enclose* a stamp 우표를 동봉하다 | | |
| **packing material** 포장 재료<br>buy *packing material* 포장 재료를 사다 | | |

## 통문장으로 핵심 단어 연습하기

핵심 단어들이 포함된 문장을 들으며 따라 말해보세요.

1. I'll { forward / pass along / cc } your e-mail to them.

   당신 이메일을 그들에게 **전달할게요 / 전달할게요 / 참조로 보낼게요**.

2. The e-mail I sent you { bounced back to me / didn't go through / was rejected / wasn't accepted }.

   당신한테 보낸 이메일이 **되돌아왔어요 / 전송되지 않았어요 / 되돌아왔어요 / 전송되지 않았어요**.

3. I'd like to send this package by { airmail / express mail / surface mail / regular mail / registered mail }.

   이 소포를 **항공우편 / 빠른 우편 / 선박우편 / 보통 우편 / 등기 우편**으로 보내고 싶은데요.

4. Can I { insure the package / track the package / enclose a check / buy packing materials } ?

   이 소포 보험에 들 수 있나요 / 소포 배송 상황을 알 수 있나요 / 수표를 동봉해도 되나요 / 포장 재료를 살 수 있을까요?

## 생생 단어팁

## 줄임말

요즘은 온라인 채팅이나 SNS, 스마트폰 등으로 인해 음성통화보다도 문자로 대화를 나누는 일이 더 흔해졌죠. 그러다 보니 문자로도 말만큼이나 빨리 전달해야 할 필요가 생기고, 점점 더 간단하게 줄인 말들이 등장하곤 하는데요. SNS도 Social Network Service라는 말을 줄여 말한 형태죠. 이렇게 알파벳 첫 글자만 따서 만들어진 말을 영어로 acronym(두문자어)이라고 합니다. television을 TV라고 한다든가, Mister를 Mr.라고 줄여 말하는 것처럼 한 단어를 짧게 줄여 말하는 것은 abbreviation(축약어)이라고 하고요. 요즘 유행하고 있는 줄임말은 어떤 것들이 있는지 살펴 볼까요?

| | | | |
|---|---|---|---|
| **CU** | See you 안녕(헤어질 때) | **OMG** | Oh, My God 맙소사 |
| **2moro** | tomorrow 내일 | **b4** | before 전에 |
| **g2g** | got to go 가야 해 | **thx** | thanks 고마워 |
| **plz** | please 제발 | **Y** | Why 왜 |
| **RUOK?** | Are you OK? 너 괜찮니? | **IC** | I see 알았어 |
| **sry** | sorry 미안해 | **ppl** | people 사람들 |
| **BRB** | Be Right Back 곧바로 돌아올게 | **E1** | everyone 모두 |
| **U2** | you too 너도 | **bf** | boyfriend 남자친구 |
| **gf** | girlfriend 여자친구 | **BFF** | Best Friends Forever 영원한 단짝 친구 |
| **msg** | message 메시지 | **pic** | picture 사진 |
| **L8R** | Later 나중에 | **TTYL** | Talk To You Later 나중에 얘기하자 |

# DAY 18

## 매스미디어·인터넷
Mass Media & Internet

# DAY 18 매스미디어·인터넷

## 한눈에 배우는 영단어

**newspaper** 신문
a daily *newspaper* 일간 신문

~ **magazine** 잡지
a monthly *magazine* 월간 잡지

**journal** 저널, 학술지
a scientific *journal* 과학 학술지

~ **newsletter** 회보, 소식지
a community *newsletter* 지역 소식지

**headline** 표제, 헤드라인
a newspaper *headline* 신문 헤드라인

~ **caption** 캡션, 자막, 설명
a *caption* for a photo 사진 설명

**editorial** 사설, 논설
the *editorial* page (신문의) 사설면

→ **editor** 편집장, 편집자
the *editor* of a newspaper 신문 편집장

**comic strip** (신문, 잡지 등의) 연재 만화
the newspaper's *comic strips* 신문 연재 만화

~ **TV listings** 방송 시간표
today's *TV listings* 오늘의 방송 시간표

**society** 사회
the *society* section in the paper 신문 사회면

~ **finance** 금융, 재정
the *finance* section of a paper 신문의 금융면

**classified** 분류된
the *classified* section 분류 광고면

~ **advertising** 광고
*advertising* paper 광고지

**amusement** 오락, 재미
an *amusement* park 놀이공원

= **entertainment** 연예, 오락, 즐거움
the *entertainment* business 연예 산업

**put out** 발행하다
*put out* a weekly paper 주간신문을 발행하다

= **publish** 출판하다, 발행하다
*publish* a new book 새 책을 출판하다

= **release** 공개하다, 발표하다
*release* a movie 영화를 개봉하다

= **print** 인쇄하다, 발행하다
*print* a newspaper 신문을 발행하다

## 통문장으로 핵심 단어 연습하기

핵심 단어들이 포함된 문장을 들으며 따라 말해보세요.

1. The circulation of this { newspaper / journal / newsletter } has declined.

   이 **신문 / 학술지 / 회보**의 판매부수는 줄었습니다.

2. I didn't read the whole paper. I just glanced at the { headlines / editorial / comic strips / society pages }.

   나는 신문 전체를 읽지 않았어요. 그저 **헤드라인 / 사설 / 만화 / 사회면**만 슬쩍 봤어요.

3. I'm looking for the { classified / amusement / business / finance } section. Have you seen it?

   나는 **광고면 / 오락면 / 비즈니스면 / 금융면**을 찾고 있어요. 봤어요?

4. I subscribe to that magazine. It's { put out / published / released / printed } every week.

   난 저 잡지를 구독하고 있어요. 매주 **나와요 / 출판돼요 / 발행돼요 / 발행돼요**.

Day 18 | 매스미디어・인터넷

| 단어 | 관계 | 단어 |
|---|---|---|
| **soap opera** (TV, 라디오) 연속극<br>a weekend *soap opera* 주말 연속극 | ~ | **drama** 드라마, 연극<br>a historical *drama* 사극 |
| **live** 생방송의<br>a *live* program 생방송 프로그램 | ↔ | **recorded** 녹음된<br>a *recorded* interview 녹음된 인터뷰 |
| **broadcast** 방송<br>a TV *broadcast* TV 방송 | ~ | **TV show** TV 프로그램<br>an exciting *TV show* 흥미진진한 TV 프로그램 |
| **newscast** 뉴스 방송<br>a morning *newscast* 아침 뉴스 방송 | ~ | **anchor** 뉴스 앵커<br>a famous news *anchor* 유명한 뉴스 앵커 |
| **influential** 영향력 있는<br>an *influential* speech 영향력 있는 연설 | ~ | **celebrity** 유명 인사<br>TV *celebrities* TV 유명 연예인들 |
| **portal site** (인터넷의) 포털 사이트<br>Internet *portal sites* 인터넷 포털 사이트들 | = | **search engine** 검색 엔진<br>the *search engine* company 검색 엔진 회사 |
| **chat app** 채팅 앱<br>a new *chat app* 새로운 채팅 앱 | = | **chat forum** 대화방<br>an online *chat forum* 온라인 대화방 |
| **URL** (= Uniform Resource Locator) 웹페이지 주소<br>forget a *URL* 웹페이지 주소를 잊다 | = | **address** 주소<br>the website's *address* 그 웹사이트 주소 |
| **QR code** QR(Quick Response) 코드<br>upload the *QR code* QR 코드를 업로드하다 | = | **link** 링크<br>put up a *link* 링크를 걸다 |
| **download** 다운로드하다<br>*download* music files 음악 파일을 다운로드하다 | ~ | **install** 설치하다<br>*install* a program 프로그램을 설치하다 |
| **upgrade** 업그레이드하다<br>*upgrade* software 소프트웨어를 업그레이드하다 | | |
| **firewall** 방화벽<br>install the *firewall* 방화벽을 설치하다 | ~ | **anti-virus** 바이러스 퇴치용<br>the *anti-virus* software 바이러스 퇴치 소프트웨어 |

**통문장으로 핵심 단어 연습하기**

핵심 단어들이 포함된 문장을 들으며 따라 말해보세요.

1. My family likes to watch { soap operas every day / live talk shows late at night / local broadcasts / newscasts at prime time }.

   우리 가족은 **매일 연속극** / **늦은 밤에 생방송 토크쇼** / **지역 방송** / **황금 시간대에 뉴스** 보는 걸 좋아해요.

2. What is the most { popular TV show / influential paper / famous Internet portal site / popular chat app } in Korea?

   한국에서 가장 인기 있는 **TV 프로그램은** / **영향력 있는 신문은** / **유명한 인터넷 포털사이트는** / **인기 있는 채팅 앱은** 무엇인가요?

3. You can go to our homepage { by clicking this URL / by reading this QR code / by entering this address / through this link }.

   **이 URL을 클릭하면** / **이 QR 코드를 읽으면** / **이 주소를 입력하면** / **이 링크를 통하면** 저희 홈페이지에 들어가실 수 있습니다.

4. You need to { download this software / upgrade the software / install the firewall }.

   **이 소프트웨어를 다운로드 해야** / **소프트웨어를 업그레이드 해야** / **방화벽을 설치해야** 합니다.

## 생생 단어팁

## TV Show

어젯밤 본 드라마 얘기로 하루를 시작하는 분들 많으시죠? 요즘은 미드, 일드라고 부르면서 미국 드라마나 일본 드라마를 즐기는 사람들도 많은 것 같은데요. 그런데 우리가 보는 드라마를 미국에서도 drama라고 부를까요?

우리가 드라마라고 부르는 것은 영어로는 soap opera에 가깝습니다. 1950년대 미국에서는 오후에 TV 방송이 거의 없었다고 합니다. 그래서 가루비누 회사에서 작가들에게 돈을 지불하고 짧고 단순한 드라마를 쓰도록 했고, 드라마 중간에 가루비누 광고를 넣어 제품을 홍보했다고 하네요. 주부들은 다음 편을 보기 위해 매일 오후 TV를 켰던 거죠. 이런 이유로 soap opera라고 부르게 되었다고 합니다.

그러면 미국에는 drama라는 단어가 없을까요? 그건 아닙니다. 미국에서는 희곡과 방송극을 아울러서 drama라고 부릅니다. soap opera는 drama의 일종이라고 볼 수 있는 것이지요. 이 외에도 미국 드라마의 한 종류로 sitcom(시트콤)이 있습니다. situation comedy의 줄임말로, 우리나라에도 시트콤 드라마가 있죠.

요즘은 TV series(TV 연속물)라는 말이 더 흔하게 쓰이는데요. 말 그대로 1회, 2회 연속되는 이야기의 드라마나 영화를 말합니다. 우리가 부르는 '회'는 영어로는 episode라고 말하는데요. '1회'는 episode 1(one)이 되겠죠.

드라마 외에, 어린 아이들이 좋아하는 cartoon program(만화)도 있지요. 심야 시간에 하는 토크쇼는 late night show라고 하는데, 우리나라에도 잘 알려진 'Late Show with David Letterman'이 유명한 심야토크쇼 중 하나죠.

아, 여기서 궁금한 것 하나! 우리는 쇼(show)라고 하면 가수가 나와 노래하고 춤추는 프로그램을 연상하게 되는데요. 실제로 영어로 TV show라고 하면 TV에서 방송되는 모든 프로그램을 말한다고 보시면 됩니다.

# DAY 19

## 문화·유행
Culture & Trends

## DAY 19 문화·유행

 한눈에 배우는 영단어

**culture** 문화
a foreign *culture* 외국 문화

~ **society** 사회
a multi-cultural *society* 다문화 사회

**religion** 종교
freedom of *religion* 종교의 자유

~ **belief** 믿음, 신념
a traditional *belief* 전통적인 믿음

**spit** 침을 뱉다
*spit* on the street 길거리에 침을 뱉다

~ **litter** 쓰레기를 버리다
*litter* on the street 길거리에 쓰레기를 버리다

**point** 손가락질하다, 가리키다
*point* at tourists 관광객들을 가리키다

~ **stare** 응시하다, 뚫어지게 쳐다보다
*stare* at people 사람들을 뚫어지게 쳐다보다

**custom** 관습, 풍습
an ancient *custom* 고대의 풍습

= **tradition** 전통
a local *tradition* 지역 전통

**respect** 존경, 경의, 존경하다
show *respect* 경의를 표하다

= **courtesy** 예의
display *courtesy* 예의를 표하다

**greet** 인사하다
*greet* each other 서로 인사하다

= **bow** 고개 숙여 인사하다
*bow* to a senior 윗사람에게 고개 숙여 인사하다

**remove** 벗다
*remove* my hat 모자를 벗다

= **take off** 벗다
*take off* my shoes 신발을 벗다

**costume** 의상, 복장
national *costume* 국가 전통 의복

~ **parade** 행진, 퍼레이드
a street *parade* 거리 행진

**decorate** 장식하다, 꾸미다
*decorate* a house 집을 장식하다

**trick or treat** 과자 안주면 장난칠 거야
go *trick or treating* 과자를 얻으러 다니다

~ **jack-o-lantern** (할로윈) 호박등
make *jack-o-lanterns* 호박등을 만들다

118

통문장으로 핵심 단어 연습하기

핵심 단어들이 포함된 문장을 들으며 따라 말해보세요.

1. We should understand and respect other { cultures / societies / religions / beliefs }.

   우리는 다른 **문화를 / 사회를 / 종교를 / 신념을** 이해하고 존중해야 합니다.

2. It's not polite to { spit on the street / point at other people / chew food with your mouth open }.

   **길거리에서 침을 뱉는 것 / 손가락으로 다른 사람을 가리키는 것 / 입을 벌린 채 음식물을 씹는 것**은 예의 바르지 못합니다.

3. It's our custom to { show respect for the elderly / greet each other by bowing / remove our shoes when entering a house }.

   **노인에게 공경심을 표하는 것 / 고개 숙여 인사하는 것 / 집에 들어갈 때 신발을 벗는 것**은 우리의 관습입니다.

4. They celebrate Halloween by { wearing Halloween costumes / decorating houses / having Halloween parades / going trick or treating }.

   그들은 **할로윈 의상을 입고 / 집을 치장하고 / 할로윈 퍼레이드를 하며 / 과자를 얻으러 다니며** 할로윈을 기념해요.

 한눈에 배우는 영단어

| | | |
|---|---|---|
| **fashion** 패션, 유행<br>in *fashion* 유행인 | = | **style** 유행, 형식<br>out of *style* 유행이 지난, 구식의 |
| | = | **vogue** 유행, 인기<br>come into *vogue* 유행되기 시작하다 |
| **trend** 경향, 유행<br>a new *trend* 새로운 유행 | → | **trendy** 유행하는, 멋진<br>getting *trendy* 유행이 되다 |
| | = | **fad** 일시적 유행<br>the latest *fad* 최신 유행 |
| **old-fashioned** 구식의<br>*old-fashioned* clothes 구식 옷 | = | **outdated** 구식의, 시대에 뒤떨어진<br>*outdated* ideas 시대에 뒤떨어진 생각 |
| | = | **behind-the-times** 시대에 뒤떨어진<br>be *behind-the-times* 시대에 뒤떨어지다 |
| **revealing** 노출이 심한<br>a *revealing* outfit 노출이 심한 복장 | ↔ | **conservative** 수수한, 보수적인<br>a *conservative* sweater 수수한 스웨터 |
| **have an eye for** ~에 안목이 있다<br>*have an eye for* fashion 패션에 안목이 있다 | | |
| **trendsetter** 유행의 선도자<br>a fashion *trendsetter* 패션 유행의 선도자 | = | **fashion leader** 패션 리더<br>a new *fashion leader* 새로운 패션 리더 |
| **fashion sense** 패션 감각<br>a good *fashion sense* 좋은 패션 감각 | | |
| **latest** 최근의, 최신의<br>the *latest* clothing line 최신 의류 제품 | = | **recent** 최근의<br>a *recent* fashion show 최근의 패션쇼 |
| **current** 현재의<br>a *current* trend 현재 유행 | ~ | **cutting-edge** 최첨단의<br>*cutting-edge* fashions 최첨단 패션 |

통문장으로 핵심 단어 연습하기

핵심 단어들이 포함된 문장을 들으며 따라 말해보세요.

1. These days, tattoos are { in fashion / in style / in vogue / a new trend }.

   요즘은 문신이 **유행** / **유행** / **유행** / **최신 유행**이에요.

2. I don't like it. It's too { old-fashioned / out of fashion / out of style / out of vogue / revealing }.

   마음에 들지 않아요. 너무 **구식이에요** / **구식이에요** / **구식이에요** / **구식이에요** / **노출이 심해요**.

3. You look gorgeous! You { have an eye for fashion / are a trendsetter / have a good fashion sense }.

   당신 멋져요! **패션에 대한 안목이 있으시군요** / **유행의 선두 주자시군요** / **패션 감각이 좋으시네요**.

4. Check out the { latest / recent / current } fashion trend in our shop.

   저희 가게에서 **최신** / **최근** / **현재** 유행상품을 확인하세요.

# Privacy

**생생 단어팁**

영어회화를 배울 때 자주 듣는 이야기 중 하나가 바로 이 privacy(사생활)에 대한 것일 텐데요. 외국사람한테 나이 묻지 마라, 결혼했냐 안 했냐 묻지 마라 등등. 서양 문화에서 privacy에는 personal space도 포함됩니다.

'편안함을 느끼는 개인만의 공간'을 뜻하는 personal space는 personal bubble이나 body zone이라고 말하기도 하는데요. 우리나라는 땅도 좁고 사람이 많이 살다 보니 personal space라는 게 무색하지만, 서양 사람들은 다른 사람의 personal space를 존중하고 줄을 설 때나 길을 걸을 때도 되도록이면 다른 사람에게 가까이 가지 않는 것이 예의입니다. personal space를 침범할(invade) 일이 생기면 몸을 스치지 않더라도 "Excuse me"라고 말하곤 하죠.

나라와 문화에 따라 느끼는 personal space는 조금씩 다른데요. 미국의 인류학자 Edward T. Hall은 personal space를 거리에 따라 다음과 같이 분류했습니다.

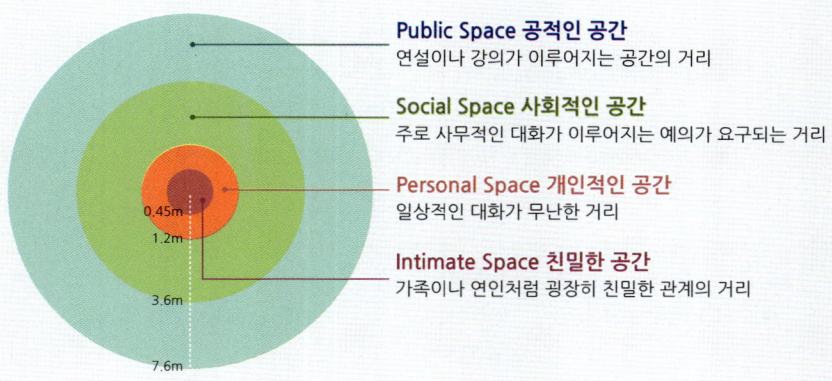

가끔 불가피하게 invade their bubble하는 일이 생기기 쉽죠. 그럴 땐 "Excuse me" 하는 것 잊지 마세요.

# DAY 20

## 길안내
Showing Directions

# DAY 20 길안내

##  한눈에 배우는 영단어

**location** 위치
a new *location* 새로운 위치

**address** 주소 ~ **zip code** 우편번호
a home *address* 집 주소    *zip code* finder 우편번호 검색 기능

**direction** 방향, 길 = **route** 길, 노선
*directions* to the station 역으로 가는 길    the best *route* 가장 좋은 노선

**right** 오른쪽의, 오른쪽 ↔ **left** 왼쪽의, 왼쪽
go to the *right* 오른쪽으로 가다    turn *left* 왼쪽으로 돌다

**block** 블록
two *blocks* away 두 블록 떨어져서

**walking distance** 걸어갈 만한 거리 ~ **on foot** 걸어서
within *walking distance* 걸어갈 만한 거리 내에    reachable *on foot* 걸어갈 수 있는

**in front of** ~앞에 ↔ **behind** ~의 뒤에
*in front of* the office 그 사무실 앞에    *behind* the railway station 기차역 뒤에

**next to** ~옆에 ~ **between** ~사이에
*next to* the building 그 빌딩 옆에    *between* two doors 두 문 사이에

**across from** ~의 맞은 편에 = **opposite** ~의 맞은 편에
*across from* the bank 그 은행 맞은 편에    *opposite* from the park 공원 맞은 편에

**refer** 참조하다 = **check** 확인하다
*refer* to the map 지도를 참조하다    *check* the guidebook 안내서를 확인하다

**sign** 표지판, 간판 ~ **directory** 안내책자, 안내판
a road *sign* 도로 표지판    a telephone *directory* 전화번호부

## 통문장으로 핵심 단어 연습하기

핵심 단어들이 포함된 문장을 들으며 따라 말해보세요.

1. Do you know the { location of / address of / zip code of / directions to } the university?

   그 대학교 **위치를 / 주소를 / 우편번호를 / 가는 길을** 아시나요?

2. The bank is { on the right side / two blocks away / not within walking distance }.

   그 은행은 **오른쪽에 있어요 / 두 블록 떨어져 있어요 / 걸어갈 만한 거리가 아니에요.**

3. The department store is { in front of the post office / next to the library / across from the hotel / between two brick buildings / behind that tall building }.

   그 백화점은 **우체국 앞에 / 도서관 옆에 / 호텔 맞은편에 / 두 벽돌 건물들 사이에 / 저 높은 빌딩 뒤에** 있어요.

4. { Turn right / Go to the left / Refer to the map / Check the sign } at the corner.

   코너에서 **오른쪽으로 도세요 / 왼쪽으로 가세요 / 지도를 참조하세요 / 표지판을 확인하세요.**

## 한눈에 배우는 영단어

| | | |
|---|---|---|
| **intersection** 교차로<br>a busy *intersection* 교통량이 많은 교차로 | ~ | **interchange** 입체교차로, 인터체인지<br>a highway *interchange* 고속도로 인터체인지 |
| **overpass** 고가도로, 육교<br>a highway *overpass* 고속도로의 고가도로 | ↔ | **underpass** 지하도<br>a narrow *underpass* 좁은 지하도 |
| **crosswalk** 횡단보도<br>*crosswalk* signs 횡단보도 신호등 | = | **crossing** 건널목<br>a *pedestrian* crossing 횡단 보도 |
| **shortcut** 지름길<br>a *shortcut* to the station 역으로 가는 지름길 | ↔ | **detour** 우회로<br>take a *detour* 우회하다 |
| **parking lot** 주차장<br>a free *parking lot* 무료 주차장 | | |
| **tourist information** 관광안내<br>*tourist information* center 관광안내소 | ~ | **tourist guidebook** 관광안내책자<br>look at a *tourist guidebook* 관광안내책자를 보다 |
| **floor** 층<br>the first *floor* 일층 | ~ | **rooftop** 옥상<br>a *rooftop* bar 옥상 바 |
| **upstairs** 위층<br>the *upstairs* office 위층 사무실 | ↔ | **downstairs** 아래층<br>the *downstairs* lounge 아래층 휴게실 |
| **straight** 곧장, 똑바로<br>go *straight* 곧장 가다 | | |
| **continue** 계속하다<br>*continue* down the road 길을 계속 가다 | = | **keep going** 계속 가다<br>*keep going* along the path 길을 따라 계속 가다 |
| **avenue** 길, 거리<br>walk on the *avenue* 거리를 걷다 | = | **street** 길, 거리<br>run on the *street* 거리에서 달리다 |
| **one-way** 일방통행인<br>a *one-way* street 일방통행 길 | ↔ | **two-way** 양방향의, 쌍방향의<br>*two-way* traffic 양방향 차량 통행 |

 통문장으로 핵심 단어 연습하기

핵심 단어들이 포함된 문장을 들으며 따라 말해보세요.

1. Keep going until you reach the { intersection / overpass / underpass / crosswalk }.

   **교차로** / **육교** / **지하도** / **횡단보도**가 나올 때까지 계속 가세요.

2. Is there a { shortcut to the station / parking lot near here / tourist information center }?

   **역으로 가는 지름길이** / **이 근처에 주차장이** / **관광안내소가** 있나요?

3. The restaurant is { on the second floor / on the rooftop of the building / upstairs / downstairs }.

   그 레스토랑은 **2층** / **건물 옥상** / **위층** / **아래층**에 있습니다.

4. { Go straight / Continue on the avenue / Follow the one-way street } until you see River Street.

   리버 가가 보일 때까지 **곧장 가세요** / **이 길을 따라 쭉 가세요** / **일방통행로를 따라가세요**.

**생생 단어팁**

**길**

영미권에서는 '길'을 나타내는 단어가 참 다양하죠. 대충 생각나는 것만 해도 street, road, avenue 등이 있는데요. 어떤 차이가 있을까요?

우선 street는 본래 포장한 길을 의미했습니다. 보통 길 양편이나 한편에 보행자를 위한 보도가 있는 길을 말합니다. avenue는 일정한 간격을 두고 양편에 나무가 서 있는 넓은 가로수 길입니다. 예외가 있긴 하지만 보통은 남북으로 뻗은 길은 'avenue', 동서로 뻗은 길은 'street'라고 합니다. boulevard는 '길게 뻗어있는 도시의 넓은 대로'를 의미하고, road는 길을 나타내는 가장 포괄적인 말입니다.

이 외에도 다양한 길이 있는데요. 주로 주소나 도로 표지판에서 줄임말 형태로 많이 접하게 되죠. 예를 들어 9595 Erickson Dr.라는 주소가 있다면, 이건 Erickson Drive 9595번지라는 의미입니다. 이처럼 주소나 표지판에 쓰이는 다양한 길의 명칭을 정리해볼까요?

| | | |
|---|---|---|
| **St.** | Street | 동서 방향으로 뻗은 길 |
| **Ave.** | Avenue | 남북 방향으로 뻗은 길 |
| **Blvd.** | Boulevard | 도시 내부의 넓은 대로 |
| **Rd.** | Road | 보통 차가 다니는 길, 시외도로 |
| **Hwy.** | Highway | 신호등이 있는 고속도로 |
| **Dr.** | Drive | 굴곡진 주택 앞길, 동네 안길 |
| **Ct.** | Court | 주택가의 둥그렇게 마무리된 막다른 길 |
| **Cir.** | Circle | 둥글게 회전하는 도로 |
| **Cres.** | Crescent | 초승달처럼 꼬부라진 길 |
| **Ln.** | Lane | 집 사이의 좁은 길 |
| **Pkwy.** | Parkway | 도로 가운데나 양쪽에 조경공사를 한 길 |
| **Pl.** | Place | 길이 막힌 짧은 도로 |

# DAY 21
## 교통
Transportation

# DAY 21 교통

 한눈에 배우는 영단어

**ride** 태워줌, 타다
give a *ride* 태워주다

⇔

**drop off** 내려주다
*Drop* me *off* here. 여기서 내려줘.

**transit** 환승, 이송
In *transit* 이송 중, 수송 중에

~

**en route** (~로 가는) 도중에
*en route* to the airport 공항 가는 도중에

**gas station** 주유소
look for a *gas station* 주유소를 찾다

~

**service center** 수리 센터
find a *service center* 수리 센터를 찾다

**cross** 건너다, 횡단하다
*cross* the street 길을 건너다

**shoulder** 갓길
park on the *shoulder* 갓길에 주차하다

~

**lane** 차선
a bus *lane* 버스 차선

**pedestrian** 보행자
hit a *pedestrian* 보행자를 치다

⇔

**driver** 운전수, 운전하는 사람
the *driver* of the car 그 차의 운전수

**heavy** (교통량이) 많은
*heavy* traffic 극심한 교통량

~

**crawl** 서행, 기어가기
slow to a *crawl* 속도가 느려지다

~

**back up** 막히다
The sink is *backed up*. 싱크대가 막혔다.

**accident** 사고
a serious *accident* 심각한 사고

**wreck** 사고, 난파
a train *wreck* 열차 사고

=

**crash** 사고
a motorcycle *crash* 오토바이 사고

**collision** 충돌
a major *collision* 큰 충돌

=

**fender-bender** 접촉 사고
a minor *fender-bender* 가벼운 접촉 사고

## 통문장으로 핵심 단어 연습하기

핵심 단어들이 포함된 문장을 들으며 따라 말해보세요.

1. Can you { give me a ride to the transit lounge / drop me off here / drive me to the gas station } ?

   환승 라운지까지 태워주실 / 여기서 내려주실 / 주유소까지 태워주실 수 있나요?

2. You should watch out when you { cross at a crosswalk / park on the shoulder / see a pedestrian / change lanes }.

   횡단보도를 건널 때 / 갓길에 주차할 때 / 보행자를 보면 / 차선을 바꿀 때는 조심해야 합니다.

3. Traffic is { heavy / at a crawl / backed up all the way to Broadway }.

   교통체증이 심해요 / 차들이 기어가고 있어요 / 브로드웨이까지 꽉 막혔어요.

4. His friend was injured in { a car accident / a train wreck / an airplane crash / a collision }.

   그의 친구는 차 사고로 / 기차 사고로 / 비행기 추락으로 / 충돌 사고로 부상을 입었습니다.

| | | |
|---|---|---|
| **timetable** 시간표<br>the railway *timetable* 철도 시간표 | = | **schedule** 시간표, 스케줄<br>the bus *schedule* 버스 시간표 |
| **ticket booth** 매표소<br>at the *ticket booth* 매표소에서 | | |
| **public transportation** 대중 교통<br>take *public transportation* 대중 교통을 이용하다 | ↔ | **private vehicle** 개인 차량<br>drive a *private vehicle* 개인 차량을 운전하다 |
| **transfer** 갈아타다, 환승<br>*transfer* to Line No. 2 2호선으로 갈아타다 | → | **transfer station** 환승역<br>a subway *transfer station* 지하철 환승역 |
| **vehicle** 탈 것, 차량<br>parked *vehicles* 주차된 차량들 | | |
| **sedan** 지붕 있는 일반 승용차<br>an old *sedan* 오래된 세단 자동차 | ~ | **compact car** 소형차<br>a cheap *compact car* 저렴한 소형차 |
| **convertible** 오픈카<br>a vintage *convertible* 구형 오픈카 | ~ | **pickup truck** 소형 오픈 트럭<br>a *pickup truck* for work 업무용 픽업 트럭 |
| **quick** 빠른<br>a *quick* recovery 빠른 회복 | ↔ | **slow** 느린<br>a *slow* route 느린 노선 |
| **safe** 안전한<br>a *safe* place 안전한 장소 | ↔ | **unsafe** 안전하지 않은, 위험한<br>*unsafe* water 안전하지 못한 물 |
| **efficient** 효율적인<br>an *efficient* way 효율적인 방법 | | |
| **land** (비행기가) 착륙하다<br>*land* safely 무사히 착륙하다 | ~ | **dock** 부두에 대다<br>*dock* in a harbor 항구에 정박하다 |
| **pull in** (열차, 버스 등이) 들어오다<br>The train *pulled in*. 기차가 도착했다. | ↔ | **pull out** (열차, 버스 등이) 떠나다<br>*pull out* of the station 역을 떠나다 |

## 통문장으로 핵심 단어 연습하기

핵심 단어들이 포함된 문장을 들으며 따라 말해보세요.

1. Where can I { get a timetable / find a ticket booth / find public transportation / transfer to the blue line } ?

   어디서 **시간표를 얻을** / **매표소를 찾을** / **대중 교통을 탈** / **파란색 라인으로 환승할** 수 있나요?

2. "What kind of vehicle would you like?" "I'd like a { sedan / compact car / convertible / pickup truck }".

   어떤 종류의 차량을 원하십니까? 저는 **세단을** / **소형차를** / **오픈카를** / **픽업트럭을** 원합니다.

3. What's the { quickest / safest / most efficient } way to get there?

   그 곳까지 가는 **가장 빠른** / **가장 안전한** / **가장 효율적인** 방법은 무엇인가요?

4. The { plane landed / ship docked / train pulled in } ten minutes ago.

   10분 전에 **비행기가 착륙했습니다** / **배가 항구에 도착했습니다** / **기차가 들어왔습니다**.

## 생생 단어팁

### 차

car, automobile, vehicle 모두 '차'를 나타내는 말이죠. car와 automobile은 우리가 보통 말하는 자동차, 승용차를 의미하는 반면, vehicle은 자전거나 배까지도 포함하여 모든 탈 것을 의미합니다. 그런데 자동차도 여러 종류가 있죠. 소형차, 중형차, 세단 등. 이런 여러 종류의 차를 영어로는 뭐라고 부르는지 한번 알아볼까요?

우선 사이즈에 따라 compact car(소형차), mid-sized car(중형차), full-sized car(대형차)로 구분합니다. 소형차보다 작은 경차는 여러모로 경제적이다 하여, economic car라고 부른답니다.

이번에는 차의 형태에 따라 어떤 것들이 있는지 볼까요? 가장 일반적인 승용차인 sedan(세단)은 엔진룸, 객실, 트렁크 등 세 공간이 구분되고 지붕이 있는 자동차인데, 중세 프랑스 sedan(스당) 지역의 여성 귀족들이 타던 가마에서 유래되었다고 합니다. hatchback(해치백)은 위로 들어 올려 여는 문이 뒤쪽에 달려 있는 차로 sedan에 비해 실용성이 강조된 형태죠. convertible(컨버터블)은 자동차 지붕을 열 수 있는 차를 말합니다. TV에서 보면, 바닷가에서 차의 지붕을 열어놓고 바람을 맞으며 운전하는 것을 볼 수 있는데요. 우리나라에서는 오픈카라고 부르기도 하죠.

이 외에도 RV, SUV라고 불리는 차들이 있는데요. RV는 Recreational Vehicle의 약자로 레저생활을 즐길 수 있도록 설계된 차를 말하죠. SUV는 Sports Utility Vehicle의 줄임말로 스포츠 감각을 살린 차의 형태이며 험한 길(off-road)을 주행하는 데도 무리가 없는 차를 말합니다. 미국이나 캐나다 등에서는 픽업트럭(pickup truck)도 아주 흔하게 볼 수 있는데요. 그냥 pickup이라고도 부르는 이 트럭은 뒷부분이 오픈된 소형 트럭을 말한답니다.

# DAY 22

## 날씨
Weather

바람을 멈춰주지 않으셨다...
삐뚤어져 버리겠어!!

# DAY 22 날씨

 한눈에 배우는 영단어

| | |
|---|---|
| **fine** (날씨가) 좋은<br>a *fine* day 날씨 좋은 날 | |
| **terrible** 끔찍한, 혹독한<br>*terrible* weather 끔찍한 날씨 | = **harsh** 혹독한<br>a *harsh* wind 혹독한 바람 |
| **cloudy** 흐린, 구름 낀<br>a *cloudy* morning 흐린 아침 | → **cloud** 구름<br>some storm *clouds* 약간의 폭풍우 구름 |
| **windy** 바람 부는<br>*windy* weather 바람 부는 날씨 | → **wind** 바람<br>high *winds* 강풍 |
| **sleet** 진눈깨비가 내리다, 진눈깨비<br>It's *sleeting*. 진눈깨비가 내리고 있다. | ~ **hail** 우박이 내리다, 우박<br>It *hailed* yesterday. 어제 우박이 내렸다. |
| **drizzle** 이슬비가 내리다, 이슬비<br>It's *drizzling*. 이슬비가 내리고 있다. | |
| **freezing** 몹시 추운<br>a *freezing* day 몹시 추운 날 | ~ **chilly** 쌀쌀한<br>*chilly* autumn weather 쌀쌀한 가을 날씨 |
| **humid** 습한<br>a *humid* night 습한 밤 | → **humidity** 습도<br>high *humidity* 고습도 |
| **foggy** 안개가 낀<br>a *foggy* valley 안개 낀 계곡 | → **fog** 안개<br>thick *fog* 짙은 안개 |
| **gloomy** 음울한<br>*gloomy* weather 음울한 날씨 | = **dreary** 음울한<br>a *dreary* and rainy day 음울한 비오는 날 |
| **scorching** 타는 듯이 더운<br>a *scorching* desert 타는 듯이 뜨거운 사막 | ↔ **below zero** 영하의<br>*below zero* temperatures 영하의 기온 |

## 통문장으로 핵심 단어 연습하기

핵심 단어들이 포함된 문장을 들으며 따라 말해보세요.

**1.** The weather is { fine / terrible / harsh } today.

오늘 날씨 **좋네요 / 나쁘네요 / 혹독하네요**.

**2.** It's { cloudy / windy / sleeting / hailing / drizzling }, but it'll clear up this afternoon.

날씨가 **흐리지만 / 바람이 불지만 / 진눈깨비가 내리지만 / 우박이 내리지만 / 이슬비가 내리지만**, 오늘 오후에는 갤 거예요.

**3.** The weather forecast said it would be { freezing / chilly / humid } today.

일기예보에 의하면 오늘 날씨가 **몹시 추울 / 쌀쌀할 / 습할** 것이라고 합니다.

**4.** It has been { foggy / gloomy / scorching / below zero } all day.

오늘은 하루 종일 **안개가 껴있네요 / 우중충하네요 / 찌는 듯이 덥네요 / 영하의 날씨네요**.

| | | |
|---|---|---|
| **warm** 따뜻한<br>a *warm* day 따뜻한 날 | = | **mild** 온화한<br>*mild* spring weather 온화한 봄 날씨 |
| **cool** 시원한<br>a *cool* breeze 시원한 산들바람 | ~ | **cold** 추운<br>a *cold* weekend 추운 주말 |
| **storm** 폭풍<br>a sudden *storm* 갑작스런 폭풍 | ~ | **typhoon** 태풍<br>a destructive *typhoon* 파괴적인 태풍 |
| **heavy rain** 폭우<br>a week of *heavy rain* 폭우의 한 주 | = | **downpour** 폭우<br>the record *downpour* 기록적인 폭우 |
| | ~ | **shower** 소나기<br>a brief *shower* 잠깐 오는 소나기 |
| **breeze** 산들바람<br>a light *breeze* 가벼운 산들바람 | | |
| **flood** 홍수<br>a serious *flood* 심각한 홍수 | → | **flooded** 침수된<br>a *flooded* road 침수된 도로 |
| **degree** (온도 단위인) 도<br>17 *degrees* Celsius 섭씨 17도 | ~ | **temperature** 기온<br>body *temperature* 체온 |
| **rise** 오르다<br>The temperature has *risen*. 기온이 올랐다. | ↔ | **fall** 내리다, 떨어지다<br>The price has *fallen*. 가격이 떨어졌다. |
| **increase** 증가하다<br>The number is *increasing*. 숫자가 증가하고 있다. | ↔ | **decrease** 감소하다<br>Prices are *decreasing*. 가격이 떨어지고 있다. |
| **optimal** 최적의<br>*optimal* weather 최적의 날씨 | = | **ideal** 이상적인<br>*ideal* weather for boating 뱃놀이에 이상적인 날씨 |
| **proper** 적당한, 알맞은<br>wear *proper* clothing 적당한 옷을 입다 | = | **suitable** 적절한, 알맞은<br>*suitable* for swimming 수영하기 적절한 |

**통문장으로 핵심 단어 연습하기**

핵심 단어들이 포함된 문장을 들으며 따라 말해보세요.

1. The weather is getting { warmer / cooler / milder }.

   날씨가 점점 **따뜻해지네요** / **시원해지네요** / **온화해지네요**.

2. There'll be { a terrible storm / heavy rain / a destructive typhoon / a light breeze / a devastating flood / a light shower } in Seoul.

   서울에 **엄청난 폭풍우가** / **폭우가** / **엄청난 태풍이** / **가벼운 산들바람이** / **대홍수가** / **가벼운 소나기가** 예상됩니다.

3. The temperature { went up 3 degrees / has risen / has fallen / has increased / has decreased } today.

   오늘은 기온이 **3도 올라갔습니다** / **올랐습니다** / **내렸습니다** / **올라갔습니다** / **내려갔습니다**.

4. The weather is { optimal / ideal / proper / suitable } for a picnic.

   소풍 가기에 **적합한** / **이상적인** / **적당한** / **알맞은** 날씨네요.

Day 22 | 날씨　**139**

**생생 단어팁**

## 사계절

대부분의 나라는 봄, 여름, 가을, 겨울 사계절이 있죠. 이 사계절을 뜻하는 영어 단어 Spring, Summer, Fall(Autumn), Winter에는 재미있는 어원이 숨어 있습니다. 먼저, 봄을 생각해보세요. 땅을 뚫고 새싹들이 돋아나고 겨울잠을 자던 개구리들이 세상 밖으로 뛰어나오는 모습이 떠오르시죠? 이 때문에 '솟아나다', '도약하다'라는 의미의 spring이 '봄'을 뜻하는 단어가 되었답니다. spring은 돌 틈 사이로 물이 퐁퐁 솟아 나는 '옹달샘'이라는 뜻도 있는데요. 만물이 소생하는 봄의 기운이 spring이라는 단어에서 팍팍 느껴지시죠?

다음으로 가장 더운 계절인 여름을 생각하면 뜨거운 열기를 뿜어내는 태양이 떠오르실 겁니다. 여러 가지 유래가 있지만, 그 중 하나는 summer라는 말이 바로 이 'sun(태양)'에서 유래했다는 것입니다. 그럴 듯 하죠? 혹시 Indian summer라는 말을 들어보셨나요? Indian summer란 가을인데 여름같이 더운 날씨가 나타나는 현상을 뜻하는 말입니다. 왜 이런 이름이 붙었는지에 대해서는 의견이 분분하다고 하네요.

가을에는 단풍잎도 떨어지고, 밤, 도토리 등 온갖 열매들도 떨어지죠. 그래서 가을은 영어로 '떨어지다'라는 뜻을 가진 fall을 사용합니다. autumn도 가을이라는 단어죠. autumn은 라틴어인 'autumnus'에서 유래된 말로, accumulation(축적), 즉 무언가가 쌓여 증가하다는 의미를 가지고 있습니다. 가을은 곡식과 과일들을 추수하고 많은 것들을 축적해 가는 시기이기 때문에 이런 어원이 있는 것 아닐까요?

마지막으로, 겨울은 눈도 생각나지만, 쌩쌩 부는 차가운 겨울 바람도 생각나시죠? winter는 차가운 바람을 나타내는 단어인 wind에서 유래되었습니다. 아무리 문을 꼭꼭 닫고 있어도 문틈을 타고 술술 불어 오는 겨울바람이 느껴지시죠?

# DAY 23

## 자연·환경
Nature & Environment

## DAY 23  자연·환경

### 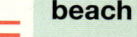 한눈에 배우는 영단어

| | | |
|---|---|---|
| **coast** 해안<br>the East *coast* 동해안 | = | **beach** 해변<br>a swimming *beach* 해수욕장 |
| **lake** 호수<br>a beautiful *lake* 아름다운 호수 | ~ | **island** 섬<br>a tropical *island* 열대지방의 섬 |
| **valley** 계곡<br>a wooded *valley* 나무가 우거진 계곡 | ~ | **waterfall** 폭포<br>an artificial *waterfall* 인공 폭포 |
| **cave** 동굴<br>explore a *cave* 동굴을 탐험하다 | | |
| **hill** 언덕, 구릉<br>go up the *hill* 언덕에 오르다 | ~ | **meadow** 초원, 목초지, 풀밭<br>relax on the *meadow* 풀밭 위에서 휴식을 취하다 |
| **wildlife** 야생 동물<br>*wildlife* conservation 야생 동물 보호 | | |
| **woods** 숲<br>into the *woods* 숲 속으로 | = | **forest** 숲<br>a tropical rain *forest* 열대 우림 |
| **desert** 사막<br>the sand *desert* 모래 사막 | | |
| **countryside** 시골, 교외<br>scenic *countryside* 경치 좋은 시골 | ~ | **farmland** 농지, 농토<br>buy some *farmland* 농지를 사다 |
| **farming** 농사, 농업<br>do *farming* work 농사일을 하다 | ~ | **livestock** 가축<br>feed *livestock* 가축에 먹이를 주다 |
| **organic** 유기농의<br>*organic* food 유기농 식품 | | |

**통문장으로 핵심 단어 연습하기**

핵심 단어들이 포함된 문장을 들으며 따라 말해보세요.

1. I'm going camping to the { East Coast / scenic lake / island / valley } for vacation.

   나는 휴가 차 **동해안으로** / **경치 좋은 호수로** / **섬으로** / **계곡으로** 캠핑 갈 거예요.

2. There are some beautiful { waterfalls / caves / hills } in this mountain.

   이 산에는 아름다운 **폭포가** / **동굴이** / **구릉이** 몇 군데 있어요.

3. Be careful around dangerous wildlife in the { woods / desert / rain forest }.

   **숲** / **사막** / **우림 지역**에서는 위험한 야생동물을 조심하세요.

4. I'd like to { live in the countryside / do farming / raise livestock / grow organic vegetables } when I'm retired.

   나는 은퇴하면 **시골에 살고** / **농사 짓고** / **가축을 키우고** / **유기농 채소를 키우고** 싶어요.

Day 23 | 자연·환경

## 🐦 한눈에 배우는 영단어

**earthquake** 지진
a light *earthquake* 약한 지진

**volcano** 화산
an active *volcano* 활화산

→ **volcanic eruption** 화산 폭발
another *volcanic eruption* 또 다른 화산 폭발

**yellow dust** 황사
*yellow dust* damage 황사 피해

**iceberg** 빙산
a floating *iceberg* 떠다니는 빙산

~ **glacier** 빙하
the largest *glacier* 가장 큰 빙하

**swamp** 늪
tropical *swamps* 열대 늪지대

**greenhouse effect** 온실 효과
stop the *greenhouse effect* 온실 효과를 막다

~ **global warming** 지구 온난화
reduce *global warming* 지구 온난화를 줄이다

**conserve** 아끼다, 보호하다
*conserve* water 물을 아껴 쓰다

= **save** 절약하다
*save* energy 에너지를 절약하다

**endangered** 멸종 위기에 빠진
an *endangered* species 멸종 위기에 빠진 종

~ **extinct** 멸종한
an *extinct* species 멸종한 종

**chemical waste** 화학 폐기물
release *chemical waste* 화학 폐기물을 방출하다

= **toxic waste** 유독 폐기물
*toxic waste* dumps 유독 폐기물 처리장

**reusable** 재사용할 수 있는
a *reusable* container 재사용할 수 있는 용기(그릇)

~ **recycle** 재활용하다
*recycle* bottles 병을 재활용하다

**satellite** 인공 위성
a *satellite* broadcast 위성 방송

~ **space shuttle** 우주 왕복선
a manned *space shuttle* 유인 우주 왕복선

**telescope** 망원경
a binocular *telescope* 쌍안경

~ **observatory** 관측소, 전망대
an astronomical *observatory* 천문대

##  통문장으로 핵심 단어 연습하기

핵심 단어들이 포함된 문장을 들으며 따라 말해보세요.

1. { **The earthquake** / **The volcano** / **Yellow dust** } has caused a lot of damage this time.

   **지진은** / **그 화산은** / **황사는** 이번에 큰 피해를 초래했습니다.

2. How { **do melting icebergs** / **do disappearing swamps** / **does the greenhouse effect** / **does the global warming** } affect the environment?

   **빙하가 녹으면** / **늪이 사라지면** / **온실효과는** / **지구온난화는** 환경에 어떤 영향을 끼칠까요?

3. We should { **conserve wildlife** / **save endangered animals** / **reduce chemical waste** / **use reusable resources** } to save our planet.

   우리는 지구를 구하기 위해 **야생동물을 보호해야** / **멸종위기에 빠진 동물을 구해야** / **화학쓰레기를 줄여야** / **재생 가능한 자원을 사용해야** 해요.

4. { **Satellites** / **Telescopes** / **The space shuttle** } enabled people to research space.

   **인공위성** / **망원경** / **우주 왕복선**은 사람들이 우주를 연구할 수 있게 해주었습니다.

Day 23 | 자연·환경  **145**

## 생생 단어팁

## 친환경

자연을 생각하면 가장 먼저 떠오르는 색은 단연 초록색 'green'이겠죠? 그래서 green은 자연 환경과 관련된 표현에 많이 들어갑니다. 영미권 나라를 다니다 보면 심지어 화장실에서도 자주 볼 수 있는 슬로건이 바로 'Go Green' 또는 'Save Green'인데요. 우리말로 하면 '환경을 보호하자' 정도 될까요?

green이 들어가는 단어도 종종 볼 수 있는데요. 가장 흔한 예는 green belt죠. '녹지대'라는 의미지만, 도시 주변의 자연환경을 보존하기 위해 개발을 제한한 구역을 뜻하죠. green building이란 것이 있습니다. '친환경 건축물'이라 하여, 건설 과정이나 건물의 시스템, 기능 등이 환경을 고려하여 설계된 건물을 말합니다. green company라고 하여, 우리말로는 '녹색기업'이라고 부르는 회사도 있습니다. 말 그대로 환경친화에 앞장서는 기업이라는 의미죠.

green과 함께 친환경을 의미하는 또 다른 말이 바로 eco입니다. 원래는 ecology(생태학)이라는 단어에서 비롯된 말이지만, 이제는 '친환경'이라는 의미로 여기저기에 쓰이고 있습니다. eco-friendly(친환경적인)라는 말로 주로 쓰였지만, 요즘은 짧게 eco라는 말로만 대신하는 경향이 있죠.

- eco-friendly products 친환경 제품
- eco-friendly vehicles 친환경 차

eco bag이라는 말 들어보셨나요? 요즘 멋쟁이들은 에코백 하나씩은 갖고 계실 텐데요. 재활용품으로 만든 가방이나, 친환경 소재 및 방법으로 만든 가방을 뜻하는 말입니다. eco house, eco school이라 하여 green building과 비슷한 개념의 말도 있습니다. 우리도 환경을 위해 eco-consumer 또는 green consumer(친환경 소비자)가 되어볼까요?

# DAY 24

## 계획·약속

Making Plans & Appointments

조금 먹고 운동하는 게 그렇게 어렵나...?
난 살빼는 것보다 살찌는 게 더 힘들던데...

 **DAY 24** 계획·약속

##  한눈에 배우는 영단어

**plan** 계획하다, 계획
*plan* a project 프로젝트를 계획하다

**intend** 의도하다, 작정이다
*intend* to visit 방문할 작정이다
= **want** 원하다
*want* to know 알고 싶다

**decide** 결심하다, 결정하다
*decide* to exercise 운동하기로 결심하다
= **make up one's mind** 결심하다
*made up my mind* to walk 걸어가기로 결심했다

= **resolve** 결심하다, 결정하다
*resolve* to finish 끝내기로 결심하다

**attempt** 시도하다, 노력하다
*attempt* to escape 탈출을 시도하다
= **try** 노력하다, 시도하다
*try* to visit 방문하려고 노력하다

**consider** 고려하다
*consider* the place 장소를 고려하다
= **think about** ~에 대해 생각하다
*think about* it 그것에 대해 생각하다

**be supposed to** ~하기로 되어 있다
*be supposed to* meet 만나기로 되어 있다
= **be scheduled to** ~하기로 예정되다
*be scheduled to* visit 방문하기로 예정되어 있다

**end up** 결국 ~로 끝나다
*end up* being late 결국 늦게 되다
= **wind up** ~로 끝나다, ~ 처지가 되다
*wind up* in prison 결국 감옥에 가게 되다

**spoil** 망치다
The child is *spoiled*. 그 아이는 버릇이 없다.
= **ruin** 망치다
*ruin* the plan 계획을 망치다

= **fail** 실패하다
The plan *failed*. 그 계획은 실패했다.

**in vain** 소용없는, 헛된
be *in vain* 헛되다, 소용없다

## 통문장으로 핵심 단어 연습하기

핵심 단어들이 포함된 문장을 들으며 따라 말해보세요.

1. What do you { plan / intend / want } to do tomorrow?

   내일 **뭐할 계획입니까** / **뭐할 생각이에요** / **뭐하고 싶어요**?

2. I've { decided / made up my mind / resolved / attempted } to exercise every day.

   나는 매일 운동하기로 **결심했어요** / **결심했어요** / **결심했어요** / 운동 해보려고 해요.

3. I am { considering moving / supposed to move / scheduled to move } to a rural area.

   나는 시골로 **이사하는 것에 대해 고려 중입니다** / **이사 가기로 했습니다** / **이사 갈 예정입니다**.

4. My plan { ended up as nothing / was spoiled / was ruined / was in vain / failed }.

   내 계획은 **수포로 돌아갔어요** / **망쳤어요** / **엉망이 됐어요** / **헛수고였어요** / **실패했어요**.

 한눈에 배우는 영단어

| | | |
|---|---|---|
| **schedule** 일정을 짜다, 일정<br>*schedule* a concert 콘서트 일정을 짜다 | = | **arrange** 주선하다<br>*arrange* a meeting 회의를 주선하다 |
| **call off** 취소하다<br>*call off* a meeting 회의를 취소하다 | = | **cancel** 취소하다<br>*cancel* a speech 연설을 취소하다 |
| **appointment** 약속<br>a dental *appointment* 치과 약속 | = | **date** 약속<br>an important *date* 중요한 약속 |
| | = | **engagement** 약속<br>make an *engagement* 약속을 잡다 |
| **booked up** 예약이 다 찬<br>*booked up* for today 오늘 예약은 다 찬 | = | **tied up** 바쁜, 얽매인<br>*tied up* all week 일주일 내내 바쁜 |
| **expect** 기대하다, 예상하다<br>*expect* letters 편지를 기대하다 | = | **anticipate** 예상하다, 기대하다<br>*anticipate* a change 변화를 기대하다 |
| **move up** 앞당기다<br>*move up* a deadline 마감일을 앞당기다 | ↔ | **push back** 미루다<br>*push back* a business trip 출장을 미루다 |
| | ↔ | **postpone** 연기하다, 미루다<br>*postpone* a vacation 휴가를 미루다 |
| | ↔ | **delay** 미루다, 지연시키다<br>*delay* a tennis match 테니스 시합을 미루다 |
| **stand ~ up** ~를 바람 맞히다<br>*stood* a friend *up* 친구를 바람 맞히다 | ~ | **no-show** (오기로 하고) 나타나지 않음<br>be a *no-show* 나타나지 않다 |
| **show up** 나타나다, 참석하다<br>*show up* early 일찍 나타나다 | = | **appear** 나타나다, 출연하다<br>*appear* at a concert 콘서트에 출연하다 |
| **take a rain check** 다음으로 미루다<br>I'll *take a rain check*. 다음 기회로 미루겠어요. | | |

통문장으로 핵심 단어 연습하기

핵심 단어들이 포함된 문장을 들으며 따라 말해보세요.

1. I'd like to { make / schedule / arrange / call off } an appointment with Mr. Fisher.

   피셔 씨와 약속을 **잡고 / 잡고 / 잡고 / 취소하고** 싶은데요.

2. I'm sorry, but I { have a date / have a prior engagement / am booked up / am expecting visitors }.

   죄송하지만, **약속이 있어요 / 선약이 있어요 / 바빠서요 / 손님을 기다리고 있어서요**.

3. He wants to { move up / push back / postpone / delay } the meeting to Tuesday.

   그는 회의를 화요일로 **당기고 / 미루고 / 연기하고 / 늦추고** 싶어 합니다.

4. We were supposed to meet, but he { stood me up / didn't show up / took a rain check }.

   우리는 만나기로 되어 있었는데, 그가 **나를 바람 맞었어요 / 나타나지 않았어요 / 다음을 기약했어요**.

## 생생 단어팁

### 약속

'약속'이라고 하면 떠오르는 단어는 우선 promise가 있죠? 새끼손가락 걸며 "I promise." 하는 장면이 떠오르는데요. 이런 것도 약속이지만, 결혼이나 약혼도 약속이고, 병원 예약도 약속이죠. '약속이 있어서요' 하면서 뭐가를 거절할 때도 자주 쓰곤 합니다. 이 모든 경우에 promise를 쓸 수 있을까요? 이 promise는 '어떤 일을 하겠다'고 하는 의지를 나타내는 말이지 '누군가와의 만남을 약속'한다는 뜻의 단어가 아닙니다.

그러면 다른 사람과 만나는 약속은 어떤 단어로 말할 수 있을까요? 바로 appointment와 engagement로 말하면 됩니다. 그런데 이 두 단어도 의미는 같지만 쓰임에 차이가 있습니다. appointment는 주로 공식적인 약속에 많이 사용됩니다. 예를 들면, 업무를 위한 약속이나 병원에 가기로 한 약속을 말하는 것이지요. 즉, 친구들 사이의 약속에는 많이 쓰이는 단어가 아닙니다.

- I have an appointment with my lawyer. 변호사와 약속이 있습니다.

appointment와 달리 engagement는 친구들과의 약속뿐만 아니라 비즈니스상의 약속을 말할 때 모두 사용할 수 있습니다.

- I have an engagement with my friends. 친구들과 약속이 있습니다.
- I have an engagement with my doctor. 병원 예약이 있습니다.

plan도 약속을 뜻하는 말로 많이 쓰는데요. 약속이든 다른 스케줄이든 쓰기 가장 편한 말입니다. 누군가가 어디를 가자고 하거나 무슨 일을 하자고 제안할 때 '선약이 있어서요' 라든지 '다른 스케줄이 있어서요' 등의 말로 거절하는 경우가 있죠. 이럴 때는 이렇게 말하면 된답니다.

- Sorry, I have a prior engagement. 미안해요. 선약이 있어요.
- I'm sorry, I have plans. 미안해요. 약속이 있어요.

# DAY 25
## 부탁·제안·조언
Asking Favors, Suggesting & Advising

## DAY 25 부탁·제안·조언

###  한눈에 배우는 영단어

| | |
|---|---|
| **get** 갖다 주다<br>*Get* me some water. 물 좀 갖다줘. | = **bring** 가져오다<br>*bring* some food 음식을 가져오다 |
| **hand** 건네주다, 도움<br>*Hand* me the book. 책 좀 건네줘. | = **give** 주다<br>*Give* it to me. 그걸 나에게 줘. |
| **throw** 던지다<br>*Throw* me the pillow. 베개 좀 던져줘. | |
| **mind** 꺼리다, 신경 쓰다<br>Would you *mind*…? ~해주시겠어요? | |
| **hold** 잡다, 붙들다<br>*hold* the door 문을 잡다 | ~ **save** 챙겨두다, 확보해두다<br>*save* a seat 자리를 맡아두다 |
| **wonder if ~** ~일지 궁금하다<br>*wonder if* it will rain 비가 올지 궁금하다 | ~ **curious about** ~이 궁금한<br>*curious about* everything 모든 것이 다 궁금한 |
| **favor** 부탁, 호의<br>do a *favor* 부탁을 하다 | |
| **ride** (탈 것에) 타기<br>give him a *ride* 그를 태워주다 | = **lift** 태워주기<br>give him a *lift* 그를 태워주다 |
| **lend** 빌려주다<br>*lend* some money 돈을 빌려주다 | ↔ **borrow** 빌리다<br>*borrow* a book 책을 빌리다 |
| **kind** 친절한<br>*kind* to me 나에게 친절한 | = **thoughtful** 사려 깊은, 친절한<br>*thoughtful* acts 사려 깊은 행위 |
| | = **considerate** 사려 깊은, 배려하는<br>a *considerate* clerk 배려심 있는 점원 |

###  통문장으로 핵심 단어 연습하기

핵심 단어들이 포함된 문장을 들으며 따라 말해보세요.

1. Please { get / bring / hand / throw } me those magazines.

   저 잡지들을 나에게 **갖다주세요 / 갖다주세요 / 건네주세요 / 던져주세요**.

2. Would you mind { giving me a hand / holding the door open / saving this seat for me } ?

   저를 좀 **도와 주시겠어요 / 이 문을 잡고 계셔주시겠어요 / 이 자리를 맡아 주시겠어요**?

3. I wonder if you can { do me a favor / give me a ride / lend me some money }.

   제 **부탁 좀 들어주실 / 저를 좀 태워주실 / 저에게 돈을 좀 빌려주실** 수 있을지요.

4. It's very { kind / thoughtful / considerate } of you to help me.

   저를 도와주시다니, 당신은 정말 **친절한 / 사려 깊은 / 사려 깊은** 분이군요.

| | | |
|---|---|---|
| **advise** 충고하다, 조언하다<br>*advise* a friend 친구에게 충고하다 | → | **advice** 충고, 조언<br>give a friend *advice* 친구에게 충고하다 |
| **urge** 권고하다, 설득하다<br>*urge* him to go 그에게 가라고 권고하다 | | |
| **suggest** 제안하다<br>*suggest* that he visit 그에게 방문하라고 제안하다 | = | **recommend** 권하다, 추천하다<br>*recommend* that he go 그에게 가라고 권하다 |
| | = | **encourage** 격려하다, 권하다<br>*encourage* him to buy it 그것을 사라고 권하다 |
| **had better** ~하는 것이 좋겠다<br>You'd *better* go. 너는 가는 것이 좋겠다. | = | **ought to** ~해야 한다<br>*ought to* quit smoking 담배를 끊어야 한다 |
| **warning** 경고, 주의<br>give a *warning* 주의를 주다 | → | **warn** 경고하다, 주의를 주다<br>*warn* a friend 친구에게 주의를 주다 |
| **solution** 해결책, 방안<br>a good *solution* 좋은 해결책 | → | **solve** 풀다, 해결하다<br>*solve* a problem 문제를 풀다 |
| **feedback** 피드백, 의견<br>receive *feedback* 피드백을 받다 | = | **comment** 의견, 평<br>give me a *comment* 의견을 주다 |
| **tip** 정보, 힌트<br>get a *tip* 힌트를 얻다 | | |
| **keep ~ in mind** ~을 명심하다<br>*keep* his plan *in mind* 그의 계획을 명심하다 | = | **bear ~ in mind** ~을 명심하다<br>*bear* that fact *in mind* 그 사실을 명심하다 |
| **be sure to** 반드시 ~하다<br>*Be sure to* bring it. 그것을 꼭 가지고 와라. | = | **be certain to** 틀림없이 ~하다<br>*be certain to* remember 반드시 기억하다 |
| **take ~ to heart** ~을 마음 속에 새기다<br>*take* it *to heart* 그것을 마음 속 깊이 새기다 | | |

**통문장으로 핵심 단어 연습하기**

핵심 단어들이 포함된 문장을 들으며 따라 말해보세요.

1. I { advise you to / urge you to / suggest that you / recommend that you / think you had better } go see a doctor.

   진찰 받아보시라고 **조언합니다** / **강력히 권합니다** / **제안합니다** / **제안합니다** / 진찰 받아보시는 게 **좋겠습니다**.

2. Let me give you a { piece of advice / word of warning / solution } to help you.

   당신을 도울 수 있는 **충고 한 마디** / **경고 한마디** / **해결책 하나** 드릴게요.

3. Would you give me { feedback / a comment / a tip } about the project?

   이 프로젝트에 대한 **피드백을** / **의견을** / **정보를** 좀 주시겠습니까?

4. { Keep in mind / Bear in mind / Be sure to remember / Take to heart } that you have to submit an assignment.

   숙제를 제출해야 한다는 것을 **명심하세요** / **명심하세요** / **꼭 기억하세요** / **명심하세요**.

Day 25 | 부탁·제안·조언

## 생생 단어팁

# Mind

영어회화를 배우다 보면 'Would you mind ~?'라는 부탁의 말을 자주 접하게 되는데요. 그 대답을 들어보면 'Of course not,' 또는 'Not at all' 등 부정문이 등장합니다. 이 mind라는 단어는 우리나라 사람이 쓰기 참 애매한 말임에 틀림없는 것 같죠.

mind는 여러 가지 의미가 있지만 그 중 '꺼리다'라는 의미가 있습니다. 바로 'Would you mind ~?'에 사용되는 의미죠. 우리가 해석할 때는 그냥 '~하시겠어요?'라고 하지만, 사실 이 말은 '~하는 것을 꺼리십니까?'라는 뜻입니다. 그래서 승낙의 대답이 부정문이 되는 것이죠.

A: Would you mind opening the window?
  창문 좀 열어주시겠어요?(창문 열어주시는 걸 꺼리십니까?)
B: Of course not. / Certainly not. / Not at all.
  물론이죠.(물론 안 꺼리죠. / 전혀 안 꺼려요.)

mind는 명사로 '마음' 또는 '정신'이라는 뜻이죠. 그래서 '마음을 쓴다, 신경을 쓴다'고 할 때도 mind를 사용합니다. 예를 들어, 아이가 친구 집에 놀러 간다고 하면 부모들이 이런 말을 하곤 합니다. 'Mind your manners'(예의범절을 신경 써라, 즉 예의 바르게 행동해라). 'Mind your language'라고 하면 '말을 조심하라'는 뜻이죠. 영국 지하철 플랫폼에는 'Mind the Gap'이라는 문장이 써 있는데요. 안내방송으로도 자주 나오곤 하는데, 짐작하신 대로 지하철과 플랫폼 사이에 벌어진 틈을 조심하라는 말입니다.

영어회화에 자주 등장하는 I don't mind(난 신경 안 써), 또는 Never mind(신경 쓰지마) 등도 기억해두면 좋을 표현이죠.

# DAY 26

## 의견·타협
Giving Opinions & Persuading

# DAY 26 의견·타협

##  한눈에 배우는 영단어

**opinion** 의견
a wise *opinion* 현명한 의견

**view** 관점, 견해 = **point of view** 관점, 생각
a special *view* 특별한 관점    his *point of view* 그의 생각

= **perspective** 관점
an individual *perspective* 개인의 관점

**point** 요점, 핵심
the *point* of the story 그 이야기의 핵심

**decision** 결심, 결정 = **conclusion** 결론
make a *decision* 결심하다    come to the *conclusion* 결론에 도달하다

**judgment** 판단 → **judge** 판단하다, 평가하다
in my *judgment* 내 판단으로는    *judge* people 사람들을 판단하다

**suggestion** 제안 = **proposal** 제안
on her *suggestion* 그녀의 제안으로    accept a *proposal* 제안을 수락하다

**alternative** 대안 = **choice** 선택
another *alternative* 다른 대안    another *choice* 또 다른 선택

**argument** 논쟁, 주장 = **quarrel** 말다툼
endless *arguments* 끝없는 논쟁    have a *quarrel* 말다툼을 하다

**discussion** 논의, 토론 = **debate** 토론, 논쟁
a long *discussion* 긴 토론    *debate* on the issue 그 사안에 대한 논쟁

**conflict** 싸움, 투쟁
a *conflict* of opinions 의견의 충돌

**통문장으로 핵심 단어 연습하기**

핵심 단어들이 포함된 문장을 들으며 따라 말해보세요.

1. What's your { opinion / view / point of view / perspective / point } on this?

   이것에 대한 당신의 **의견은** / **견해는** / **관점은** / **시각은** / **요점은** 무엇입니까?

2. I want to know what your { decision / conclusion / judgment / suggestion / alternative } is.

   당신의 **결정** / **결론** / **판단** / **제안** / **대안**이 무엇인지 알고 싶네요.

3. Please forgive me. I didn't mean to start { an argument / a long discussion / a debate / a quarrel / a conflict }.

   용서해주세요. **말다툼을 하려던 게** / **긴 토론을 하려던 게** / **논쟁을 하려던 게** / **말싸움을 하려던 게** / **싸우자는 게** 아니었어요.

 한눈에 배우는 영단어

| | | |
|---|---|---|
| **personally** 개인적으로<br>know *personally* 개인적으로 알다 | = | **subjectively** 주관적으로<br>think *subjectively* 주관적으로 생각하다 |
| | ↔ | **objectively** 객관적으로<br>judge *objectively* 객관적으로 판단하다 |
| **frankly** 솔직하게<br>*frankly* speaking 솔직히 말하면 | = | **honestly** 정직하게<br>*honestly* speaking 정직하게 말하면 |
| **compromise** 타협하다, 타협<br>*compromise* on a budget 예산에 대해 타협하다 | = | **coordination** 조정, 조율, 협력<br>*coordination* of duties 직무 조정 |
| | = | **negotiation** 협상<br>*negotiation* about salary 봉급 협상 |
| **agreement** 동의, 찬성<br>*agreement* on a plan 계획에 동의 | ↔ | **disagreement** 불일치, 반대<br>*disagreement* on a contract 계약에 반대 |
| **in favor of** 찬성하는<br>*in favor of* the idea 그 의견에 찬성하는 | = | **agreeable** 동의하는, 찬성하는<br>*agreeable* to the idea 그 생각에 찬성하는 |
| **agree** 동의하다, 찬성하다<br>*agree* with a proposal 제안에 동의하다 | ↔ | **disagree** 반대하다, 의견이 맞지 않다<br>*disagree* with a proposal 제안에 반대하다 |
| **support** 지지하다, 후원하다<br>*support* an idea 의견을 지지하다 | | |
| **against** 반대하는<br>be *against* a plan 계획에 반대하다 | = | **negative** 부정적인, 반대하는<br>feel *negative* about a plan 계획에 반대하다 |
| | = | **opposed** 반대하는, 대립하는<br>be *opposed* to the opinion 그 의견에 반대하다 |
| **doubt** 의심, 의혹<br>have *doubts* 의심이 있다 | | |

162

통문장으로 핵심 단어 연습하기

핵심 단어들이 포함된 문장을 들으며 따라 말해보세요.

1. { Personally / Subjectively / Objectively / Frankly } speaking, this solution is wrong.

   **개인적으로 / 주관적으로 / 객관적으로 / 솔직하게** 말하자면, 이 해결책은 잘못됐어요.

2. There's no more room for { compromising / coordination / negotiation / agreement }.

   **타협할 / 조율할 / 협상할 / 동의할** 여지가 더 이상 없습니다.

3. I { am in favor of / am agreeable to / agree with / support } the idea that he came up with.

   나는 그가 생각해낸 아이디어에 **찬성 / 찬성 / 동의 / 동의**합니다.

4. I'm afraid I { am against / feel negative about / am opposed to / disagree with / have some doubts about } your opinion.

   저는 당신 의견에 **반대합니다 / 반대합니다 / 반대합니다 / 동의하지 않습니다 / 의심스러운 점이 있습니다**.

**생생 단어팁**

# View

view는 다양한 뜻이 있는 단어지만, '보다(see)'라는 의미를 공통적으로 가지고 있습니다. 우리가 자주 쓰는 말 중에 review라는 말이 있죠. 접두사 re-는 '다시(again)'의 의미를 갖고 있으므로, review는 '다시 보다', 즉 '복습하다, 검토하다'라는 의미를 갖습니다. 그러면 preview는 무슨 뜻일까요? pre-라는 접두사는 '미리, 이전에'라는 의미이므로, '미리 보다'라는 뜻이 되죠? 그래서 '예습하다, 사전 검토하다'라는 뜻이 되고, 명사로 '시사회'라는 의미로도 쓰이는 것입니다. 또한 동사에 -er을 붙이면 '~하는 사람'이라는 뜻이 된다고 했는데요. 그래서 viewer는 '보는 사람', 즉 '시청자, 관객'이라는 뜻이 된답니다.

이 '보다'라는 의미에서 발전하여, view는 '무언가를 보는 생각이나 입장'이라는 의미의 '관점, 견해'라는 뜻으로도 쓰입니다. opinion과 동일하게 쓰이죠. 그래서, in my view로 시작하는 문장을 종종 볼 수 있는데요. '내 생각에는'이라는 의미입니다.

- In my view, it is a waste of time. 내 생각에는 그것은 시간 낭비입니다.
- I have a different view. 나는 다른 의견을 갖고 있습니다.

view는 보는 것이니까 '전망, 시야'라는 뜻으로 쓰이기도 합니다. 해변에 있는 호텔이나 스키 리조트 같은 곳을 예약할 때 많이 등장하는 단어죠. ocean view(바다가 보이는 전망)냐, mountain view(산이 보이는 전망)냐 등등의 옵션에 따라 extra로 숙박료를 더 지불하곤 합니다.

그러고 보니, 이 view라는 단어는 우리의 실생활 곳곳에서 쓰고 있는 유용한 말이네요. '보다'라는 의미에서 출발했다는 걸 알고 나니 이제 왜 그렇게 쓰였는지 확실히 아시겠죠?

# DAY 27
## 초대·방문
Inviting & Visiting

# DAY 27 초대·방문

## 한눈에 배우는 영단어

**housewarming party** 집들이
a fun *housewarming party* 재미있는 집들이파티

**farewell party** 송별회 ↔ **welcome party** 환영파티
attend a *farewell party* 송별회에 참석하다 | plan a *welcome party* 환영파티를 계획하다

**baby shower** 임신축하파티 ~ **bridal shower** 예비신부파티
have a *baby shower* 임신축하파티를 하다 | hold a *bridal shower* 예비신부파티를 열다

**attend** 참석하다 ~ **drop by** 방문하다, 들르다
*attend* a party 파티에 참석하다 | *drop by* any time 아무 때나 들르다

**guest** 손님
Be my *guest*. 와주세요.

**join** 함께하다 = **accompany** 동행하다
*join* a project 프로젝트에 함께 하다 | *accompany* him 그와 동행하다

= **come along with** ~와 함께 오다
*come along with* a fiancée 약혼녀와 함께 오다

**follow** 따라가다, 따르다
*follow* him 그를 따라가다

**invite** 초대, 초대하다 = **invitation** 초대
*invite* friends 친구들을 초대하다 | an *invitation* to the party 파티 초대

**welcome** 환영하다 ~ **host** 주최하다, 주최자
*welcome* the guests 손님들을 환영하다 | *host* a party 파티를 주최하다

**hospitality** 접대, 환대
good *hospitality* 훌륭한 접대

**통문장으로 핵심 단어 연습하기**

핵심 단어들이 포함된 문장을 들으며 따라 말해보세요.

1. We're throwing a { housewarming party / farewell party / baby shower / bridal shower } this weekend.

   우리는 이번 주말에 **집들이 / 송별회 / 임신축하파티 / 예비신부파티**를 할 예정이에요.

2. Please { attend / drop by to / be our guest at } the year-end dinner.

   송년 만찬에 **참석해 주세요 / 들러 주세요 / 참석해 주세요**

3. I wonder if you'd like to { join / follow / accompany / come along with } us for a drink.

   술 한잔 하러 **같이 가지 / 따라오지 / 동행하지 / 같이 가지** 않을래요?

4. Thanks for { the invite / the invitation / welcoming me / your warm hospitality }.

   **초대해주셔서 / 초대해주셔서 / 저를 환영해주셔서 / 따뜻한 접대에** 감사해요.

Day 27 | 초대·방문 **167**

## 한눈에 배우는 영단어

**pleased** 기쁜
extremely *pleased* 매우 기쁜

= **delighted** 기쁜
*delighted* to attend 참석해서 기쁜

→ **pleasure** 기쁨
It's my *pleasure*. 기쁘다, 내가 좋아서 한 일이다.

**be able to** ~할 수 있다
*be able to* go 갈 수 있다

**make it** 도착하다, 해내다
*make it* to the party 파티에 가다

**tied up** 바쁜
I am *tied up*. 나는 바빠요.

= **busy** 바쁜
We are *busy*. 우리는 바빠요.

**decline** 거절하다, 감소하다
*decline* the invitation 초대를 거절하다

= **refuse** 거절하다
*refuse* the offer 제안을 거절하다

**celebrate** 기념하다, 축하하다
*celebrate* a birthday 생일을 기념하다

**occasion** 행사, 경우
a happy *occasion* 즐거운 행사

= **event** 행사
an exciting *event* 신나는 행사

**anniversary** 기념일
a wedding *anniversary* 결혼기념일

~ **memorial** 기념의
a *memorial* event 기념 행사

**opening ceremony** 개회식, 개업식
a long *opening ceremony* 긴 개회식

↔ **closing ceremony** 폐회식, 폐막식
a brief *closing ceremony* 짧은 폐회식

**comfortable** 편한
*comfortable* furniture 편한 가구

= **at home** 편안한
Make yourself *at home*. 편히 계세요.

**help yourself** 마음대로 먹다
Please *help yourself*. 마음껏 드세요.

통문장으로 핵심 단어 연습하기

핵심 단어들이 포함된 문장을 들으며 따라 말해보세요.

1. { I would be pleased / I would be delighted / It's my pleasure } to accept the invitation.

   초대에 응할 수 있어 **기쁩니다** / **기쁩니다** / **기쁩니다**.

2. Sorry, but I { won't be able to attend / can't make it / am tied up with work / must decline }.

   죄송하지만, **참석 못 하겠어요** / **갈 수가 없어요** / **일 때문에 바빠요** / **거절해야겠어요**.

3. We celebrated the { occasion / event / anniversary / opening ceremony } all together.

   우리는 모두 **그 행사를** / **그 행사를** / **기념일을** / **개업식을** 축하했습니다.

4. Please { make yourself comfortable / make yourself at home / help yourself }.

   **편히 계세요** / **편히 계세요** / **많이 드세요**.

## 생생 단어팁

## Party

미국 영화나 드라마에서 많이 보아온 파티(party)는 우리에겐 영화 속의 일 같지만, 실제로 그들에게는 일상이랍니다. 그렇다고 영화 속에서처럼 수영장이 딸린 대저택에서 화려한 드레스를 입고 칵테일 잔을 들고 춤을 추는 파티를 연상하실 필요는 없어요. 사실 음료수와 쿠키가 있고 사람만 모이면 격식 없이 할 수 있는 것이 그들의 파티입니다. 그래서 '파티를 열다'라고 할 때 '던지다'라는 의미의 throw를 써서 'throw a party'라고 캐주얼하게 표현하곤 하죠. 이들의 파티는 종류도 다양한데요.

housewarming party는 우리나라의 집들이와 같은 파티입니다. housewarming 이라는 이름이 붙여진 건 처음 이사 가서 데면데면한 새 집을 내 집처럼 따뜻하게 만들어준다는 의미겠죠.

potluck party는 각자 음식을 준비해와서 먹는 파티입니다. 파티 주최자(host/hostess)가 음식을 다 준비하지 않고 초대받은 사람들이 음식을 하나씩 준비해 오는 것을 말해요. 파티를 여는 사람의 수고도 덜고 여러 가지 음식을 맛볼 수 있다는 점 때문에 많이 대중화되어 있답니다.

또한 shower party는 특별한 일로 인해 파티 주인공에게 선물을 주기 위한 파티입니다. 결혼하는 신부를 위해 선물을 준비해서 열어주는 파티는 bridal shower라고 하고, 아이를 임신한 사람에게 출산 준비물을 선물하는 파티는 baby shower라고 한답니다. 여자들을 위한 파티만 있냐고요? 아닙니다. 총각파티(bachelor party)라고 하여, 결혼식 전날 밤 신랑의 친구들이 열어주는 파티로, 유부남이 되기 전날의 신랑을 축하해주기 위한 파티라고 하네요.

그러고 보니 미국 영화 속 호화 파티는 아니지만 우리도 충분히 파티를 즐기며 살고 있는 것 같네요.

# DAY 28

## 칭찬·축하·감사
Praising, Congratulating & Appreciating

샌드위치 하나 만드는데
아주 그냥...

# DAY 28 칭찬·축하·감사

##  한눈에 배우는 영단어

| | | |
|---|---|---|
| **well done** 잘한<br>Job *well done*! 잘했어요! | = | **good job** 잘한 일<br>did a *good job* 잘했다 |
| **awesome** 멋진, 대단한<br>an *awesome* sight 대단한 광경 | = | **terrific** 대단한, 훌륭한<br>feel *terrific* 기분이 아주 좋다 |
| | = | **wonderful** 멋진<br>a *wonderful* plan 멋진 계획 |
| **fantastic** 환상적인, 멋진<br>a *fantastic* idea 멋진 생각 | = | **super** 대단한, 최고의<br>a *super* effort 대단한 노력 |
| **handsome** 잘생긴<br>a *handsome* man 미남 | = | **good-looking** 잘생긴, 예쁜<br>a *good-looking* boy 잘생긴 소년 |
| **gorgeous** 멋진, 우아한, 매력적인<br>look *gorgeous* 멋져 보이다 | = | **stylish** 멋진, 맵시 있는<br>look *stylish* 맵시가 있다 |
| **neat** 깔끔한, 단정한<br>*neat* clothing 깔끔한 옷 | = | **tidy** 깨끗한<br>a *tidy* room 깨끗한 방 |
| **reward** 보상, 상<br>a special *reward* 특별한 보상 | ~ | **bonus** 보너스, 상여금<br>get a *bonus* 보너스를 받다 |
| **award** 상<br>receive an *award* 상을 받다 | = | **prize** 상<br>win a *prize* 상을 타다 |
| **attractive** 매력적인<br>an *attractive* girl 매력적인 여자 | = | **charming** 매력적인, 멋진<br>a *charming* smile 매력적인 미소 |
| **fabulous** 멋진, 엄청난<br>a *fabulous* dancer 멋진 댄서 | = | **glamorous** 멋진, 매혹적인<br>a *glamorous* singer 매혹적인 가수 |

통문장으로 핵심 단어 연습하기

핵심 단어들이 포함된 문장을 들으며 따라 말해보세요.

1. { Well done / Awesome / Fantastic / Super }! I'm so proud of you.

   잘했어요 / 대단해요 / 굉장해요 / 대단해요! 당신이 참 자랑스러워요.

2. You always look { handsome / gorgeous / stylish / neat }.

   당신은 항상 **잘생겨** / **멋져** / **스타일이 멋져** / **단정해** 보여요.

3. You did a great job. You deserve { a reward / a bonus / an award / a prize }.

   정말 잘 했어요. 당신은 **보상을** / **보너스를** / **상을** / **상을** 받을 만 해요.

4. I've never seen anyone more { attractive / charming / fabulous / glamorous } than her.

   나는 그녀보다 더 **매력적인** / **매력적인** / **멋진** / **매력적인** 사람을 본 적이 없어요.

 한눈에 배우는 영단어

| | |
|---|---|
| **honored** 영광인<br>deeply *honored* 굉장히 영광스러운 | = **flattered** 기분 좋은, 영광스러운<br>feel *flattered* 기분 좋다 |
| **thrilled** 매우 기쁜, 흥분한<br>feel really *thrilled* 매우 신나다 | |
| **congratulations** 축하<br>*Congratulations*! 축하합니다! | |
| **promotion** 승진<br>get a *promotion* 승진하다 | ~ **raise** 인상<br>a salary *raise* 봉급 인상 |
| **retirement** 은퇴, 퇴직<br>early *retirement* 조기 은퇴 | ~ **transfer** 전근, 이동<br>a job *transfer* 이직 |
| **graduation** 졸업<br>high school *graduation* 고등학교 졸업 | ↔ **acceptance** 입학허가, 승인, 수락<br>*acceptance* to Harvard 하버드 입학허가 |
| **pass** 합격하다, 통과하다<br>*pass* a test 시험에 합격하다 | ↔ **fail** 실패하다, 떨어지다<br>*fail* an exam 시험에 떨어지다 |
| **appreciate** 감사하다, 고맙게 생각하다<br>*appreciate* your help 도와주어서 감사하다 | |
| **thankful** 고마워하는<br>with a *thankful* heart 감사하는 마음으로 | = **grateful** 고마워하는<br>a *grateful* letter 감사의 편지 |
| **praise** 칭찬<br>lots of *praise* 많은 칭찬 | = **compliment** 칭찬<br>a sincere *compliment* 진심 어린 칭찬 |
| **notice** 알아보다, 알아차리다<br>*notice* his haircut 그가 머리 자른 것을 알아보다 | |
| **concern** 관심, 걱정<br>your sincere *concern* 당신의 진심 어린 관심 | = **care** 관심, 돌봄, 걱정<br>take *care* 조심하다 |

**통문장으로 핵심 단어 연습하기**

핵심 단어들이 포함된 문장을 들으며 따라 말해보세요.

1. I'm { honored / flattered / thrilled } to hear that.

   그 말을 들으니 **영광입니다** / **기분이 좋네요** / **매우 기쁩니다**.

2. Congratulations on { your promotion / your retirement / your graduation / passing the test }.

   **승진을** / **퇴직을** / **졸업을** / **시험 합격을** 축하합니다.

3. I { appreciate / am thankful for / am grateful for } your kindness.

   당신의 친절에 **감사 드립니다** / **고맙습니다** / **감사합니다**.

4. Thank you for { the praise / the compliment / noticing / your concern }.

   **칭찬해주셔서** / **칭찬해주셔서** / **알아 주셔서** / **신경 써주셔서** 감사합니다.

## 생생 단어팁

## 칭찬

책 제목 중에 '칭찬은 고래도 춤추게 한다'는 말이 있죠. 그만큼 칭찬은 누군가를 기분 좋게 해주는 묘약인데요. 영어로 칭찬을 나타내는 말은 여러 가지가 있습니다. 기본적으로 의미는 같지만 쓰임에 조금씩 차이가 있는데요.

'칭찬하다'는 뜻의 가장 일반적인 단어는 praise입니다.

- He praised the students. 그는 학생들을 칭찬했다.
- Thank you for praising me. 칭찬해주셔서 감사합니다.

누구를 칭찬하다는 말을 '누구를 좋게 말하다'라고 표현할 수도 있겠죠? 이럴 때는 speak highly of 또는 speak well of로 나타낼 수 있습니다.

- People speak highly[well] of him. 사람들은 그를 칭찬한다.

compliment라는 단어도 있죠. '칭찬하다, 찬사를 보내다'라는 의미로 특히 칭찬이나 존경을 나타내는 인사말 등에 주로 쓰입니다. 명사로는 '찬사, 칭찬'이라는 의미로 쓰이죠.

- He complimented me on my English. 그는 나의 영어실력을 칭찬했다.
- Thank you for the compliment. 칭찬해주셔서 감사합니다.

우리는 좋은 공연을 보고 나면 잘 봤다는 의미로 칭찬과 감사의 박수를 보내죠. 이때의 박수는 applause라고 말합니다. 많은 사람들이 환호하며 보내는 박수를 보통 '우레와 같은 박수'라고 하지요. 이것은 a storm of applause 또는 a hurricane of applause라고 표현한답니다.

# DAY 29

## 사과·격려·위로
Apologizing, Encouraging & Comforting

다신 안 볼 것처럼 하더니
미안하다는 말에 도시락 싸주고 난리다

# DAY 29 사과·격려·위로

## 🐦 한눈에 배우는 영단어

**apologize** 사과하다
*apologize* to her 그녀에게 사과하다
→ **apology** 사과
make an *apology* 사과하다

**forgiveness** 용서
beg *forgiveness* 용서를 빌다
→ **forgive** 용서하다
*Forgive* me. 나를 용서해줘.

= **excuse** 용서하다
*Excuse* me for being late. 늦은 걸 용서해줘.

**admit** 인정하다
*admit* a fact 사실을 인정하다
= **confess** 고백하다, 인정하다
*confess* to stealing 절도를 인정하다

**guilt** 죄, 죄책감
admit his *guilt* 그의 죄를 인정하다

**fault** 잘못
my *fault* 나의 잘못
= **error** 실수, 오류
a typing *error* 오타

**intentional** 의도적인
*intentional* action 의도적인 행동
= **on purpose** 일부러, 고의로
do it *on purpose* 일부러 그렇게 하다

**mean** 의도하다, 작정하다
*mean* no harm 악의가 없다
= **intend** 의도하다, 작정하다
*intend* to do that 그것을 할 작정이다

**cause** 야기하다, 초래하다
*cause* problems 문제를 야기하다

**get ~ wrong** 오해하다, 잘못 생각하다
*get* the dates *wrong* 날짜를 착각하다

**screw up** 망치다
*screw up* a report 보고서를 망치다
= **mess up** 엉망으로 만들다
*mess up* the room 방을 엉망으로 만들다

통문장으로 핵심 단어 연습하기

핵심 단어들이 포함된 문장을 들으며 따라 말해보세요.

1. I { apologize / ask your forgiveness / admit guilt } for my mistake.

   제 실수에 대해 **사과 드립니다** / **용서를 구합니다** / **잘못을 인정합니다**.

2. I'm sorry. It was { my fault / my error / not intentional }.

   죄송합니다. **제 잘못입니다** / **제 실수입니다** / **고의가 아니었습니다**.

3. I'm sorry. I { didn't mean it / didn't do it on purpose / caused you a lot of trouble / got it wrong / screwed up }.

   죄송합니다. **그러려고 한 것이 아니었습니다** / **고의로 한 것이 아니었습니다** / **당신께 큰 곤란을 겪게 해드렸습니다** / **제가 오해했습니다** / **제가 망쳤습니다**.

4. Please { excuse me / forgive me / accept my apology } for any inconvenience.

   불편을 끼쳐 드린 점 **죄송합니다** / **용서해주십시오** / **사과를 받아주십시오**.

| | | |
|---|---|---|
| **support** 지지하다, 응원하다<br>*support* a team 팀을 응원하다 | = | **back up** 지지하다, 뒷받침하다<br>*back* him *up* 그를 지지하다 |
| **pray** 기도하다<br>*pray* for a win 우승을 위해 기도하다 | | |
| **courage** 용기<br>show *courage* 용기를 보여주다 | | |
| **frustrated** 낙담한, 좌절한<br>a *frustrated* actor 좌절한 배우 | = | **discouraged** 낙담한, 의욕을 잃은<br>get *discouraged* 낙담하다 |
| **guilty** 죄책감이 드는, 유죄의<br>feel *guilty* 죄책감을 느끼다 | ↔ | **innocent** 죄 없는, 결백한, 순수한<br>claim to be *innocent* 결백하다고 주장하다 |
| **blame** ~을 탓하다<br>Don't *blame* me. 내 탓 하지마. | | |
| **regret** 후회하다, 유감스럽게 생각하다<br>*regret* the choice 선택을 후회하다 | = | **feel sorry** 미안해하다, 유감스러워하다<br>*feel sorry* for the mistake 실수에 대해 미안해하다 |
| **forget** 잊다<br>*forget* the past 과거를 잊다 | = | **leave ~ behind** ~을 두고 잊고 가다<br>*leave* baggage *behind* 수화물을 잊고 가다 |
| | = | **drop** 떨어뜨리다, 털어내다<br>*drop* a ball 공을 떨어뜨리다 |
| **lean on** ~에게 기대다, 의지하다<br>*Lean on* me. 나에게 기대. | = | **depend on** ~에게 의지하다<br>*depend on* my family 가족에게 의지하다 |
| **by one's side** ~의 곁에<br>a friend *by my side* 내 곁에 있는 친구 | = | **be there for** ~의 곁에 있다<br>I'll *be there for* you. 네 곁에 내가 있을게. |
| **feel free to** 마음대로 ~하다<br>*feel free to* visit 마음대로 방문하다 | = | **don't hesitate to** 주저하지 말고 ~하다<br>*Don't hesitate to* ask. 주저하지 말고 물어보세요. |

**통문장으로 핵심 단어 연습하기**

핵심 단어들이 포함된 문장을 들으며 따라 말해보세요.

1. Go for it! I'll { support you / back you up / pray for you }.

   파이팅! 내가 **응원할게** / **지지할게** / **기도할게**.

2. I don't want you to { lose your courage / be frustrated / feel guilty / blame yourself / regret }.

   당신이 **용기를 잃지 않았으면** / **좌절하지 않았으면** / **죄의식을 갖지 말았으면** / **스스로를 책망하지 않았으면** / **후회하지 않았으면** 좋겠네요.

3. { Forget / Leave behind / Drop } what is in the past.

   과거 일은 **잊어 버려요** / **잊어 버려요** / **털어내요**.

4. { Just lean on me / I'll be by your side / Feel free to come to me } when you're in trouble.

   곤란한 일이 생기면 **나한테 기대세요** / **내가 당신 곁에 있을 거예요** / **언제든 나에게 와요**.

**생생 단어팁**

**파이팅!**

우리는 스포츠 경기에서뿐 아니라 일상생활에서도 '파이팅'을 자주 외치죠. 격려하고 응원하는 말로 쓰는 이 '파이팅(fighting)'이 사실은 콩글리시라는 사실을 알고 계신가요? 우리는 fighting이라고 영어로도 쓰기 때문에 영어라고 생각하기 쉽지만, 영미권의 사람들이 들으면 '누가 싸우고 있나'라고 생각할 단어랍니다.

그러면 파이팅에 해당하는 이런 응원의 말이 영어로는 어떤 것이 있을까요? 영미권에서는 파이팅 대신 'Go!'나 'Go for it!'을 외친답니다. 영미권에서 스포츠 경기를 보고 있노라면, "Go OOO(응원하는 팀/선수)! Go!"를 외치는 광경을 어디서나 듣고 볼 수 있습니다. 미국 메이저리그에서 큰 활약을 하고 있는 류현진 선수를 응원해 볼까요? "Go Ryu Go!" 야구장의 환호성이 들리는 듯 하죠?

야구 얘기가 나오면 또 빠질 수 없는 재미가 바로 응원의 꽃 치어리더(cheer leader)들의 응원이죠. cheer는 '응원, 응원하다'라는 의미인데요. 일상생활에서 우리는 '기운 내, 힘내'라는 의미로 '파이팅'을 많이 쓰는데, 이에 해당하는 영어 표현이 바로 cheer up입니다. cheer는 술자리에서도 만날 수 있는 단어입니다. 우리가 술잔을 부딪히며 말하는 '건배'에 해당하는 말이 바로 'Cheers'거든요.

이 밖에도 There you go!(잘했어), Nice work!(잘했어), You can do it!(넌 할 수 있어) Nice going!(잘한다) 등의 격려와 응원의 표현들이 있으니, 잘 익혀두고 적절히 사용하시기 바랍니다.

# DAY 30

## 소망·유감·불평
Wishing, Regretting & Complaining

구두야 구두야
날 좋은 곳으로 데려가주렴~

# DAY 30 소망·유감·불평

 한눈에 배우는 영단어

**hope** 희망하다, 바라다
*hope* for success 성공을 바라다

= **wish** ~하고 싶다, 빌다, 기원(하다)
*wish* you good luck 행운을 빌다

= **desire** 바라다
*desire* world peace 세계 평화를 바라다

**achieve** 이루다
*achieve* a goal 목표를 달성하다

= **realize** 실현하다, 깨닫다
*realize* my dream 내 꿈을 실현하다

**goal** 목표
a life *goal* 인생의 목표

= **dream** 꿈, 목표
fulfill my *dreams* 내 꿈을 성취하다

**fortune** 부, 운
seek *fortune* 부를 추구하다

= **luck** 운
good *luck* 행운

**prosperous** 부유한, 성공한
a *prosperous* life 부유한 삶

= **wealthy** 부유한
a *wealthy* family 부유한 집안

**attractive** 매력적인
an *attractive* city 매력적인 도시

**appearance** 외모
a nice *appearance* 좋은 외모

= **looks** 외관, 외모
great *looks* 훌륭한 외모

**keep one's fingers crossed** 빌다
Keep your fingers crossed! 행운을 빌어줘!

~ **bless** 축복하다
Bless you! 신의 축복이 있기를!

**sorry** 유감스러운, 미안한
feel *sorry* 유감스럽다

= **saddened** 슬픈
*saddened* by the news 그 소식에 슬픈

**shocked** 충격을 받은, 깜짝 놀란
*shocked* at the news 그 소식에 충격 받은

## 통문장으로 핵심 단어 연습하기

핵심 단어들이 포함된 문장을 들으며 따라 말해보세요.

1. I { hope / wish / desire } to do well on the exam.

   나는 시험을 잘 보길 **바라요 / 빌어요 / 바라요**.

2. I wish I could { achieve my goal / make a fortune / live a prosperous life / have an attractive appearance }.

   **내 목표를 달성할 / 큰 돈을 벌 / 부유한 삶을 살 / 매력적인 외모를 가질** 수 있다면 좋겠어요.

3. Everything will be all right. { Good luck to / My best wishes to / I'll keep my fingers crossed for / God bless } you.

   다 괜찮을 거예요. **행운이 있길 바라요 / 잘 지내길 바라요 / 기도할게요 / 신의 축복이 있길 바라요**.

4. I am { sorry / shocked / saddened } to hear that you got hurt.

   다치셨다는 말을 들으니 **마음이 아픕니다 / 충격을 받았습니다 / 슬픕니다**.

Day 30 | 소망·유감·불평　**185**

| | | |
|---|---|---|
| **sick of** ~에 질린<br>*sick of* working 일에 질린 | = | **tired of** ~에 지친<br>*tired of* driving 운전에 지친 |
| **crazy** 미친<br>go *crazy* 미치다 | | |
| **frustrate** 좌절시키다, 짜증나게 하다<br>*frustrate* people 사람들을 좌절시키다 | = | **irritate** 짜증나게 하다<br>*irritate* me 나를 짜증나게 하다 |
| **disgusting** 역겨운, 불쾌한<br>look *disgusting* 역겨워 보이다 | = | **awful** 끔찍한, 지독한<br>sound *awful* 끔찍하게 들리다 |
| **criticize** 비난하다<br>*criticize* for law 법에 대해 비난하다 | → | **criticism** 비평, 비난<br>sharp *criticism* 신랄한 비평 |
| **complain** 불평하다<br>*complain* about prices 가격에 대해 불평하다 | → | **complaint** 불평, 불만<br>make a *complaint* 불평을 제기하다 |
| | = | **grumble** 투덜거리다, 불평하다<br>*grumble* about food 음식에 대해 불평하다 |
| **attack** 공격<br>after the *attack* 그 공격 이후 | | |
| **defective** 결함 있는<br>*defective* goods 결함 있는 제품 | → | **defect** 결함, 결점, 단점<br>with numerous *defects* 결점이 많은 |
| **flawed** 결함 있는, 흠 있는<br>*flawed* product 결함 있는 제품 | → | **flaw** 결점, 흠<br>Everyone has *flaws*. 모든 사람은 결점이 있다. |
| **cracked** 깨진, 파손된<br>a *cracked* screen 깨진 스크린 | | |
| **unsatisfactory** 만족스럽지 않은<br>*unsatisfactory* food 불만족스러운 음식 | ↔ | **satisfactory** 만족스러운<br>*satisfactory* service 만족스러운 서비스 |

## 통문장으로 핵심 단어 연습하기

핵심 단어들이 포함된 문장을 들으며 따라 말해보세요.

1. I'm sick and tired of this. It { drives me crazy / frustrates me / is disgusting / is awful }.

   난 이거라면 지긋지긋해요. **나를 미치게 해요** / **짜증나게 해요** / **역겨워요** / **끔찍해요**.

2. I can't help { criticizing / complaining about / grumbling about } you. You never finish work on time.

   **비난하지 않을** / **불평하지 않을** / **뭐라고 하지 않을** 수가 없어요. 당신은 일을 제때 끝내질 않잖아요.

3. Your { complaints / criticisms / attacks } are endless.

   당신의 **불평** / **비난** / **공격**은 끝이 없군요.

4. Unfortunately, the item I received is { defective / flawed / cracked / unsatisfactory }.

   유감스럽게도, 제가 받은 물건은 **결함이 있습니다** / **결함이 있습니다** / **깨져 있습니다** / **만족스럽지 못합니다**.

## 생생 단어팁

## 새해 결심

새해를 맞이하면서 대부분의 사람들은 새해 결심을 하죠. 금연을 하겠다든지, 다이어트를 하겠다든지… 이러한 새해 결심을 영어로는 New Year's resolution이라고 합니다. resolution(결심)이라는 단어는 '결심하다'라는 동사인 resolve의 명사형입니다. 새해 결심이 작심삼일이 되는 일이 흔한데요. 물론 그러면 안되겠지만, 영어로는 abandon the new year's resolution이라고 표현합니다. abandon은 '버리다, 포기하다'라는 의미의 동사로 '결심했던 일을 실천하지 못하고 포기하다'라는 뜻이 되죠. 이 외에도 an unsteady plan, 또는 a short-lived plan이라고 표현하기도 합니다. unsteady는 '꾸준하지 못한', short-lived는 '오래가지 못하는'이라는 뜻입니다. 미국 사람들은 새해에 주로 어떤 결심을 하는지 궁금하지 않으신가요? 내용을 보면 사람 사는 게 어디나 비슷하다는 생각이 드는데요. 그러면 미국의 Top 10 New Year's Resolutions를 한번 볼까요?

1. Lose weight   살 빼기
2. Manage debt / Save money   빚 청산하기 / 저축하기
3. Get a better job   더 나은 직업 얻기
4. Spend more time with family   가족과 더 많은 시간 보내기
5. Quit smoking   금연하기
6. Eat right / Get fit   제대로 먹기 / 건강해지기
7. Get a better education   더 나은 교육 받기
8. Reduce stress   스트레스 줄이기
9. Go greener   친환경적으로 살기
10. Volunteer to help others   자원봉사활동 하기

# : Appendix :

# 주제별 추가 어휘

# 일상생활

### 시간

today 오늘
yesterday 어제
tomorrow 내일
tonight 오늘밤
year 해, 연도
yearly 매년의, 연례의
annual 매년의, 연례의
month 달, 월
monthly 매달, 월간의
day 날, 낮
daily 매일의, 날마다
week 주
weekly 매주, 주간의
weekend 주말
century 세기
date 날짜
night 밤
evening 저녁
dawn 새벽
dusk 황혼, 해질녘
sunrise 일출
sunset 일몰
noon 정오
midnight 한밤중, 자정
hour 시간
minute 분
second 초
half 30분, 1/2, 절반
quarter 15분, 1/4

### 일상용품

handkerchief 손수건
umbrella 우산
wallet 지갑
purse (주로 여성용) 지갑
clock (벽 또는 실내용) 시계
watch 손목 시계
training suit 운동복

### 일상생활

put on make-up 화장하다
take a nap 낮잠 자다
carry 나르다, 옮기다
go to work 출근하다
practice 연습하다
commute 통근하다
lie down 눕다
change 갈아입다
cook 요리하다
drink 마시다
get ready 준비하다
prepare 준비하다
fix 고치다, (음식을) 준비하다

# 자기소개 / 가족소개

## 국가

- China 중국
- Japan 일본
- Thailand 태국
- the Philippines 필리핀
- Britain 영국
- Ireland 아일랜드
- Germany 독일
- Italy 이탈리아
- the Netherlands 네덜란드
- Spain 스페인
- Mexico 멕시코
- Australia 호주

## 국적

- Chinese 중국의, 중국인
- Japanese 일본의, 일본인
- Thai 태국의, 태국인
- Filipino 필리핀의, 필리핀인
- British 영국의
- Irish 아일랜드의
- German 독일의, 독일인
- Italian 이탈리아의, 이탈리아인
- Dutch 네덜란드의, 네덜란드인
- Spanish 스페인의
- Mexican 멕시코의, 멕시코인
- Australian 호주의, 호주인

## 직업

- police officer 경찰관
- firefighter 소방관
- businessman 사업가
- salaried man 직장인, 샐러리맨
- baker 제빵사
- soldier 군인
- accountant 회계사
- writer 작가
- homemaker 주부
- bank teller 은행출납원
- farmer 농부
- carpenter 목수
- clerk 점원, 사원
- dentist 치과의사
- architect 건축가
- engineer 엔지니어, 기술자
- chef 요리사, 주방장

## 결혼

- wedding ceremony 결혼식
- veil 면사포
- marriage 결혼
- divorce 이혼
- bachelor (남자) 독신
- bride 신부
- bridegroom 신랑

Appendix | 주제별 추가 어휘

# 취미 / 스포츠

## 취미 / 여가 활동

- hiking 하이킹, 도보여행
- mountain climbing 등산
- drawing 그림 그리기
- sewing 바느질하기
- lottery 복권
- musical instrument 악기
- horse race 경마
- movie buff 영화광
- go for a drive 드라이브하러 가다
- play chess 체스를 두다

## 놀이공원

- theme park 테마공원
- cotton candy 솜사탕
- ride 탈 것, 놀이기구
- slide 미끄럼틀
- swing 그네
- merry-go-round 회전목마
- carousel 회전목마
- roller coaster 롤러코스터
- Ferris wheel 회전식 전람차
- zoo 동물원
- seal show 물개 쇼
- dolphin show 돌고래 쇼
- botanical garden 식물원
- aquarium 수족관

## 스포츠 종류

- swimming 수영
- badminton 배드민턴
- athletics 육상
- volleyball 배구
- basketball 농구
- football 미식축구
- table tennis 탁구 (=ping pong)
- bowling 볼링
- gymnastics 체조
- martial arts 무술
- judo 유도
- wrestling 레슬링
- fencing 펜싱

## 스포츠 용어

- rule 규칙
- foul 파울, 반칙
- penalty 벌칙
- championship 선수권, 우승
- the finals 결승전
- stadium 경기장
- player 선수
- referee 심판
- coach 코치
- match 시합
- game 경기

# 쇼핑

## 쇼핑 전반

- **mall** 쇼핑몰, 쇼핑센터
- **department store** 백화점
- **drugstore** 약국 겸 잡화점
- **grocery store** 식료품점
- **convenience store** 편의점
- **customer** 고객, 손님
- **goods** 물건
- **display** 전시, 진열하다
- **brand** 상표
- **brand-new** 신제품인
- **price tag** 가격표
- **change** 거스름돈

## 의류/신발

- **dress shirt** 와이셔츠
- **suit** 정장
- **jacket** 재킷, 상의
- **pants** 바지
- **shorts** 반바지
- **vest** 조끼
- **blouse** 블라우스
- **skirt** 치마
- **dress** 원피스, 드레스
- **swimming suits** 수영복
- **underwear** 속옷
- **tight** 꽉 끼는
- **loose** 헐렁한
- **tie** 넥타이
- **sneakers** 운동화
- **boots** 부츠, 장화
- **sandals** 샌들
- **slippers** 슬리퍼
- **flip-flops** 끈을 발가락 사이에 끼워 신는 슬리퍼
- **shoelace** 구두 끈

## 화장품/잡화

- **cosmetics** 화장품
- **lipstick** 립스틱
- **nail polish** 매니큐어
- **lotion** 로션
- **eye shadow** 아이섀도
- **blusher** 볼터치
- **perfume** 향수
- **hat** 모자
- **cap** (테 없는) 모자
- **gloves** 장갑
- **scarf** 목도리, 스카프
- **belt** 허리띠, 벨트
- **jewelry** 보석
- **ring** 반지
- **bracelet** 팔찌
- **necklace** 목걸이
- **earrings** 귀고리

**Appendix** | 주제별 추가 어휘   **193**

# 외식 / 요리

## 식사 전반

| | |
|---|---|
| meal | 식사 |
| breakfast | 아침식사 |
| lunch | 점심식사 |
| dinner | 저녁식사(= supper) |
| brunch | 브런치, 아침 겸 점심 |
| snack | 간식 |
| today's special | 오늘의 특별메뉴 |
| kid's meal | 어린이 메뉴 |
| gourmet | 미식가, 식도락가 |
| vegetarian | 채식주의자 |
| appetizer | 전채요리 |
| overeat | 과식하다 |
| nutrition | 영양 |
| carbohydrate | 탄수화물 |
| fat | 지방 |
| homemade | 집에서 만든 |

## 음식 / 음식재료

| | |
|---|---|
| sea food | 해산물 |
| soup | 수프 |
| stew | 스튜(뭉근히 끓인 국물 요리) |
| pasta | 파스타 |
| spaghetti | 스파게티 |
| sandwich | 샌드위치 |
| pork cutlet | 돈까스 |
| dumpling | 만두 |
| curry and rice | 카레라이스 |
| noodle | 면, 국수 |
| doughnut | 도넛 |
| vegetable | 채소 |
| fruit | 과일 |
| bean | 콩 |
| mushroom | 버섯 |
| carrot | 당근 |
| bean curd | 두부 |
| liquor | 술 |
| meat | 고기 |
| mutton | 양고기 |
| flour | 밀가루 |
| hot sauce | 핫소스, 매운 소스 |
| mayonnaise | 마요네즈 |

## 요리법

| | |
|---|---|
| cuisine | 요리법, 요리 |
| rare | 덜 익힌 |
| medium | 중간으로 익힌 |
| bake | 굽다 |
| roast | (주로 고기를) 굽다 |
| broil | (고기 등을) 불에 굽다 |
| peel | 껍질을 벗기다, 까다 |
| mix | 섞다 |
| blend | 섞다 |
| season | 양념하다 |

# 예술

### 예술 전반
- masterpiece 걸작
- theater 극장
- opera 오페라
- musical 뮤지컬
- stage 무대
- ballet 발레
- dance 춤
- performing arts 공연예술

### 영화
- cinema 영화관
- box office 매표소
- screen 스크린
- animation 만화영화
- film festival 영화제
- nominee 후보
- present 제공하다, 보이다, 공개하다
- audience 관객, 청중
- spectacular 구경거리의, 초대작
- blockbuster 크게 성공한 영화
- tragedy 비극
- scenario 시나리오
- critic 평론가

### 음악
- duet 이중주, 이중창
- trio 삼중주, 삼중창
- composer 작곡가
- musician 음악가
- baton 지휘봉
- podium 지휘대
- pianist 피아노 연주자
- violinist 바이올린 연주자
- cellist 첼로 연주자
- flutist 플루트 연주자

### 악기
- piano 피아노
- violin 바이올린
- cello 첼로
- viola 비올라
- trumpet 트럼펫
- drum 드럼, 북
- flute 플루트
- guitar 기타

### 미술
- painting 그림
- art museum 미술관
- gallery 화랑, 갤러리
- exhibition 전시회
- watercolor painting 수채화
- oil painting 유화
- sculpture 조각
- portrait 초상화

Appendix | 주제별 추가 어휘 **195**

# 여행

## 여행 전반

| | |
|---|---|
| tourism | 관광 |
| tour | 투어, 관광, 여행 |
| tourist board | 관광청 |
| walking tour | 도보 관광 |
| guided tour | 가이드가 동행하는 여행 |
| voyage | 항해, 여행 |
| vacation | 휴가, 방학 |
| traveler | 여행자 |
| passenger | 승객 |
| passport | 여권 |
| visa | 비자, 사증 |
| suitcase | 여행가방 |
| traveler's check | 여행자 수표 |
| travel agency | 여행사 |
| destination | 목적지 |
| carsick | 차멀미하는 |
| seasick | 뱃멀미하는 |
| local | 현지의, 국내의, 지방의 |
| abroad | 해외에, 해외로 |
| relic | 유물, 유적 |
| palace | 궁전, 궁궐 |
| national museum | 국립박물관 |
| observatory | 전망대 |
| admission fee | 입장료 |
| brochure | (안내, 광고용) 책자 |

## 비행기 관련

| | |
|---|---|
| domestic | 국내의 |
| international | 국제의 |
| airline | 항공사 |
| economy class | 일반석 |
| business class | 비즈니스 석 |
| first class | 일등석 |
| frequent flier | 상용고객 |
| over booking | 초과 예약 |
| boarding pass | 탑승권 |
| transit passenger | 환승객 |
| via | ~를 경유하여 |
| stopover | 중간 기착지 |
| connecting flight | 연결 비행편 |
| window seat | 창가 자리 |
| aisle seat | 통로 쪽 자리 |
| lavatory | (기내) 화장실 |
| altitude | 고도 |
| captain | 기장 |
| cabin crew | 승무원 |
| meal service | 기내식 제공 |
| refreshment | 다과, 음료 |
| in-flight | 기내의 |
| nonstop flight | 직항편 |
| carry-on luggage | 기내 휴대 수하물 |
| claim tag | 수하물 인환증 |

take off 이륙하다
arrival 도착
customs declaration form 세관신고서
immigration office 출입국 관리소
control tower 관제탑
airsick 비행기 멀미하는
time difference 시차
jet lag 시차로 인한 피로

**호텔**

stay 묵다, 머물다
budget hostel 저렴한 숙소
inn 여관
guest house 게스트하우스(관광객용 숙소)
lodge 여관, 산장, 오두막집

vacancy 빈방
fully booked 예약이 꽉 찬
front desk (호텔) 프런트
wake-up call 모닝콜
airport pickup service 공항 픽업서비스
high[peak] season 성수기
low season 비수기
safe 금고
over charge 초과 요금
housekeeper 호텔 객실 청소부
bellhop 벨보이
doorman 도어맨, 문지기
receptionist 접수원
rate 숙박요금

# 인체 / 생리현상

## 인체 외부

- head 머리
- eye 눈
- nose 코
- ear 귀
- mouth 입
- lips 입술
- gum 잇몸
- tongue 혀
- shoulder 어깨
- navel 배꼽
- palm 손바닥
- thumb 엄지손가락
- index finger 집게손가락
- waist 허리
- hip 골반부위
- thigh 허벅지
- calf 종아리

## 인체 내부

- organ 장기, 기관
- skull 두개골
- flesh 살
- bone 뼈
- muscle 근육
- blood 피
- cell 세포
- neuron 신경
- brain 뇌
- spine 척추
- rib 갈비뼈
- heart 심장
- liver 간
- lung 폐
- stomach 위
- bowels 장
- kidney 신장
- joint 관절

## 생리 현상

- breathe 숨쉬다
- tears 눈물
- sneeze 재채기하다
- sigh 한숨, 한숨 쉬다
- saliva 침
- earwax 귀지
- nature calls 화장실에 가고 싶다
- pee (비격식) 오줌 누다
- poo (비격식) 응가하다
- urine 오줌, 소변
- urinate 소변보다
- stool 대변
- period 생리
- cycle 생리주기

# 감정 / 성격 / 외모

### 감정/느낌을 나타내는 말

- **nervous** 초조한, 불안한
- **ashamed** 부끄러운, 창피한
- **lonely** 외로운
- **stressed-out** 스트레스가 쌓인
- **fearful** 무서운, 두려운
- **proud** 자랑스러운
- **incredible** 믿을 수 없는, 대단한
- **unbelievable** 믿을 수 없는, 대단한
- **satisfied** 만족하는
- **content** 만족하는
- **unhappy** 불행한, 기분 나쁜
- **displeased** 기분 나쁜
- **unpleasant** 불쾌한
- **long face** 시무룩한 얼굴
- **lose one's temper** 이성을 잃다
- **insane** 미친, 제정신이 아닌

### 성격을 나타내는 말

- **honest** 정직한
- **hardworking** 근면한
- **outgoing** 사교적인, 외향적인
- **easygoing** 태평한
- **friendly** 다정한, 친절한
- **active** 활동적인, 적극적인
- **humorous** 유머감각 있는
- **wise** 현명한
- **lazy** 게으른
- **diligent** 부지런한
- **careful** 주의 깊은, 신중한
- **careless** 조심성 없는
- **polite** 예의 바른
- **impolite** 무례한
- **rude** 무례한
- **shy** 수줍어하는
- **cheerful** 활달한
- **brave** 용감한
- **patient** 인내심 있는
- **generous** 관대한, 너그러운
- **selfish** 이기적인
- **responsible** 책임감 있는
- **confident** 자신감 있는
- **conservative** 보수적인

### 외모를 나타내는 말

- **cute** 귀여운
- **pretty** 예쁜
- **ugly** 못생긴
- **fat** 뚱뚱한
- **thin** 마른
- **tall** 키가 큰
- **short** 키가 작은
- **bald** 대머리의
- **fair-skinned** 피부가 흰

# 건강 / 병원

### 증상

| | |
|---|---|
| chills | 오한 |
| bleeding | 출혈 |
| vomit | 토하다 |
| throw up | 토하다 |
| nausea | 구역질 |
| cut | 베인 상처 |
| bruise | 타박상, 멍 |
| bone fracture | 골절 |
| sprain | 삐다, 염좌 |
| swollen | 부은 |
| dizzy | 어지러운, 현기증 나는 |
| stiff | 뻣뻣한, 뻐근한 |
| wound | 상처, 부상 |
| injury | 부상 |
| side effect | 부작용 |
| congestion | 코 막힘 |
| stuffy nose | 코 막힘 |
| scrapes | 찰과상 (= scratches) |
| burns | 화상 |
| bug bites | 벌레 물림 |
| itch | 가려움, 가렵다 |
| rash | 발진 |
| infect | 감염시키다 |
| hoarse | 목소리가 쉰 |
| lump | 덩어리, 혹 |
| numb | 감각이 없는, 마비된 |
| pregnant | 임신한 |
| morning sickness | 입덧 |

### 약

| | |
|---|---|
| pharmacy | 약국 |
| pharmacist | 약사 |
| drug | 약 |
| pill | 알약 |
| digestive | 소화제 |
| ointment | 연고 |
| dose | 1회 복용량 |
| bandage | 붕대 |
| band-aid | 1회용 반창고 |
| gauze | 거즈 |

### 병원 전반

| | |
|---|---|
| general hospital | 종합병원 |
| clinic | 병원, 진료소 |
| doctor | 의사 |
| nurse | 간호사 |
| family doctor | (가족) 주치의 |
| patient | 환자 |
| disinfect | 소독하다 |
| ward | 병동 |
| emergency room | 응급실 |
| ICU (= Intensive Care Unit) | 중환자실 |
| IV injection | 혈관주사, 링거 |

| | |
|---|---|
| thermometer 체온계 | cancer 암 |
| medical history 병력 | leukemia 백혈병 |
| chronic disease 만성질환 | measles 홍역 |
| weight 몸무게 | asthma 천식 |
| height 키 | diabetes 당뇨병 |
| eyesight 시력 | pneumonia 폐렴 |
| hearing 청력 | tuberculosis 결핵 |
| blood test 피검사 | hepatitis 간염 |
| dental examination 구강 검사 | typhoid fever 장티푸스 |
| get a filling 충치를 때우다 | bird flu 조류독감 |
| braces 치아 교정기 | swine flu 돼지독감 |
| stethoscope 청진기 | **진료 과목** |
| C-section (= Caesarean section) 제왕절개 | surgery 외과 |
| natural childbirth 자연 분만 | internal medicine 내과 |
| delivery 분만 | ophthalmology 안과 |
| **병명** | ENT (= Ear, Nose and Throat) 이비인후과 |
| migraine 편두통 | dermatology 피부과 |
| indigestion 소화불량 | pediatrics 소아과 |
| constipation 변비 | obstetrics and gynecology 산부인과 |
| diarrhea 설사 | urology 비뇨기과 |
| food poisoning 식중독 | orthopedics 정형외과 |
| heart attack 심장마비, 심장발작 | plastic surgery 성형외과 |
| concussion 뇌진탕 | neurology 신경과 |
| complication 합병증 | radiology 방사선과 |
| contagious disease 전염병 | anesthetics 마취과 |
| nervous breakdown 신경쇠약 | family medicine 가정의학과 |

# 교육

## 학문

| | |
|---|---|
| mathematics | 수학 |
| physics | 물리 |
| chemistry | 화학 |
| biology | 생물 |
| geography | 지리 |
| engineering | 공학 |
| medicine | 의학 |
| political science | 정치학 |
| sociology | 사회학 |
| law | 법학 |
| ethics | 윤리학 |
| linguistics | 언어학 |
| language | 언어 |
| philosophy | 철학 |
| psychology | 심리학 |
| economics | 경제학 |
| business administration | 경영학 |
| statistics | 통계학 |
| fine art | 미술 |

## 학교

| | |
|---|---|
| class | 수업 |
| classmate | 급우, 반 친구 |
| classroom | 교실 |
| library | 도서관 |
| gym | 체육관 |
| dormitory | 기숙사 |
| auditorium | 강당 |
| playground | 운동장 |
| bulletin board | 게시판 |
| professor | 교수 |
| teaching assistant | 조교 |
| scholarship | 장학금 |
| grade | 학년 |
| freshman | 신입생, (대학) 1학년 |
| sophomore | (대학) 2학년 |
| junior | (대학) 3학년 |
| senior | (대학) 4학년 |
| alumnus | 동창 |
| entrance exam | 입학시험 |
| quiz | 쪽지시험 |
| lecture | 강의 |
| textbook | 교과서 |
| reference book | 참고서 |
| report card | 성적표 |
| term | 학기 |
| semester | (1년 2학기제의) 학기 |
| curriculum | 교육 과정 |
| credit | 학점 |
| required | 필수의 |
| elective | 선택의 |
| experiment | 실험 |

# 직장생활

### 부서

- parent company  모기업
- subsidiary  자회사
- headquarter  본사
- home office  본사
- branch  지사
- R&D (= Research & Development)  연구개발부
- marketing  마케팅부
- finance department  재무부
- public relations  홍보부
- general affairs  총무부
- personnel  인사부
- quality control  품질관리부

### 직위

- chairman  회장
- president  회장, 사장
- CEO (= Chief Executive Officer)  대표이사
- director  중역, 이사
- executive director  전무
- managing director  상무
- adviser  고문
- secretary  비서

### 업무 관련

- training  연수
- paperwork  서류작업
- handout  유인물
- hire  채용하다, 고용하다
- transfer  전근시키다
- fire  해고하다
- night shift  야간 근무
- leave of absence  휴가
- maternity leave  출산휴가
- weekly paycheck  주급
- negotiation  협상
- be in charge of  ~을 담당하다
- qualification  자격
- candidate  지원자, 후보자
- resign  사임하다, 사퇴하다
- resignation  사직(서)
- pension  연금
- budget  예산
- contract  계약
- inspection  감사
- audit  회계감사
- merge  합병하다
- take over  인수하다
- bankrupt  파산한
- court receivership  법정 관리
- agenda  안건
- deadline  마감일
- quarter  분기
- approval  승인, 결재

**Appendix** | 주제별 추가 어휘  **203**

# 주거생활

## 집 전반

deposit 보증금
monthly rent 월세
down payment 계약금
residence 거주지
apartment complex 아파트 단지
cottage 오두막
five-story building 5층 건물
move 이사하다
lodging 하숙
utilities (전기, 가스, 수도 등) 공공요금

## 집 외부

roof 지붕
chimney 굴뚝
window 창문
wall 벽
gate 대문, 출입구
door 문
front door 현관, 정문
doorbell 초인종
stairs 계단
lawn 잔디밭
porch 현관
mailbox 우편함
fence 울타리
warehouse 창고

## 거실

sofa 소파
couch 소파, 긴 의자
cushion 쿠션
vase 꽃병
curtain 커튼
armchair 안락의자
carpet 카펫
shelf 선반
television 텔레비전
stereo 오디오
remote control 리모콘
clock 시계
ceiling 천장
chandelier 샹들리에
rug 깔개, 양탄자
outlet 콘센트
air conditioner 에어컨
fan 선풍기

## 침실

bed 침대
pillow 베개
sheet 침대 시트
blanket 담요
comforter 이불
lamp 램프, 전기스탠드
chest 서랍장
drawer 서랍
alarm clock 알람 시계
humidifier 가습기
dressing room 드레스룸

## 주방

dish washer 식기세척기
microwave 전자레인지
oven 오븐
toaster 토스트기
rice cooker 밥솥
blender 믹서
refrigerator 냉장고
ventilation fan 환풍기
sink 싱크대
cupboard 찬장
pot (우묵한) 냄비
pan (얕은) 냄비
kettle 주전자
bowl 우묵한 그릇
tray 쟁반
apron 앞치마
knife 칼
cutting board 도마
spoon 숟가락
fork 포크
chopsticks 젓가락
dishcloth 행주
detergent 세제

## 욕실

towel 수건
mirror 거울
hair dryer 헤어 드라이기
razor 면도기
toothbrush 칫솔
toothpaste 치약
soap 비누
shampoo 샴푸
hair conditioner 린스
bathtub 욕조
basin 대야, 세면대
washing machine 세탁기
toilet 변기
toilet paper 화장실 휴지
drain 배수구

# 서비스

## 미용실 / 이발소

| | |
|---|---|
| **beauty salon** | 미용실 |
| **barber shop** | 이발소 |
| **hairdo** | 머리 모양, 헤어스타일 |
| **curly** | 곱슬곱슬한 |
| **wavy** | 구불거리는 |
| **straight** | 곧게 편 |
| **ponytail** | 뒤에서 하나로 묶어 드리운 머리 |
| **braid** | 땋다 |
| **thin out** | 숱을 치다 |
| **thick** | 숱이 많은 |
| **sideburns** | 짧은 구레나룻 |
| **bleach** | 탈색하다 |
| **manicure** | 손톱 손질 |

## 관공서

| | |
|---|---|
| **embassy** | 대사관 |
| **fire department** | 소방서 |
| **police station** | 경찰서 |
| **register** | 등록하다 |
| **driver's license** | 운전면허증 |
| **document** | 서류 |
| **valid** | 유효한 |
| **expire** | 기한이 만료되다 |
| **renew** | 갱신하다 |
| **report** | 신고하다 |
| **illegal** | 불법의 |

## 수리 / 수선집

| | |
|---|---|
| **tailor** | 재봉사, 재단사 |
| **handyman** | 잡부, 이것저것 잘 고치는 사람 |
| **torn** | 찢어진 |
| **rip** | 찢다, 찢어지다 |
| **hole** | 구멍 |
| **estimate** | 견적, 견적서 |
| **wire** | 전선 |
| **screw** | 나사 |
| **parts** | 부품 |
| **waterproof** | 방수의 |
| **leather** | 가죽 |
| **zip** | ~을 지퍼로 잠그다 |
| **unzip** | ~의 지퍼를 열다 |

## 은행

| | |
|---|---|
| **account** | 계좌 |
| **balance** | 잔액 |
| **service charge** | 수수료 |
| **interest** | 이자 |
| **interest rate** | 이자율 |
| **deposit** | 예금, 예금하다 |
| **withdraw** | 인출하다 |
| **ATM** (= Automated Teller Machine) | 현금 자동 입출금기 |
| **transaction** | 거래 |
| **exchange** | 환전 |
| **exchange rate** | 환율 |

# 길안내 / 교통

## 길안내

- lost  길을 잃은
- show the way  길을 가리켜주다
- side  한쪽
- corner  모퉁이
- information desk  안내소
- lobby  공공건물의 현관 입구, 로비
- main entrance  정문

## 교통 전반

- speed up  속도를 올리다
- speed limit  속도 제한
- speeding ticket  속도 위반 딱지
- bus stop  버스정류장
- parking garage  주차장
- slow down  속도를 늦추다
- jam  교통체증, 혼잡
- mishap  작은 사고
- gas station  주유소
- fare  요금
- toll gate  톨게이트, 요금소
- railroad  철도
- traffic light  신호등
- traffic law  교통법규
- fine  벌금
- terminal  터미널, 종점
- harbor  항구

## 차량 관련

- automobile  자동차
- motorcycle  오토바이
- bicycle (= bike)  자전거
- airplane  비행기
- train  기차
- ship  배
- boat  배, 보트
- subway  지하철
- ferry  연락선, 페리
- tram  트램, 전차
- economic car  경차
- double-decker  이층버스
- runway  활주로
- car seat  (자동차의) 유아용 보조의자
- hood  엔진덮개
- steering wheel  핸들, 운전대
- horn  경적
- headlight  헤드라이트, 전조등
- license plate  번호판
- rear-view mirror  백미러
- accelerator  가속장치
- brake  브레이크, 제동장치
- tire  타이어
- seat belt  안전벨트
- wrecker  견인차

# 전화 / 이메일 / 우편

## 전화

- **telephone** 전화 (= phone)
- **cell[cellular] phone** 휴대폰
- **mobile phone** 휴대폰
- **pay phone** 공중전화
- **push-button phone** 버튼식 전화기
- **receiver** 수화기
- **pick up the phone** 전화기를 들다
- **hang up** 끊다
- **ring** 전화하다, 전화벨이 울리다
- **hold the line** (전화상에서) 기다리다
- **stay on the line** (전화상에서) 기다리다
- **dial** (~번호로) 전화 걸다
- **call back** 다시 전화하다
- **country code** 국가 번호
- **area code** 지역 번호
- **static** 잡음
- **cut off** 통화를 중단시키다
- **dial tone** 발신음
- **busy** 통화 중인
- **busy signal** 통화 중 신호음
- **extension** 내선
- **vibration mode** 진동모드
- **communication** 통신
- **calling plan** 전화요금제
- **collect call** 수신자 지불 전화

## 이메일 / SNS

- **e-mail address** 이메일 주소
- **attach** 첨부하다
- **attachment** 첨부
- **link** 링크
- **online storage** 웹하드
- **inbox** 메일 수신함
- **reply** 답장
- **subject** 제목
- **closing** 끝 맺음말
- **bcc** (= blind carbon copy) 숨은 참조
- **garbled** 글자가 깨진
- **follower** SNS상의 구독자, 친구
- **web-based** 웹기반의

## 우편

- **stamp** 우표
- **envelope** 봉투
- **postcard** 엽서
- **postage** 우편요금
- **post mark** 소인
- **mailbox** 우체통
- **mailman** 집배원
- **next-day delivery** 익일 배송
- **fragile** 파손되기 쉬운, 취급주의
- **recipient** 수취인
- **junk mail** 광고 우편

# 매스 미디어 / 인터넷

### 신문 / 잡지

| | |
|---|---|
| subscriber | 구독자 |
| printed media | 인쇄매체 |
| issue | 발행하다 |
| publication | 출판, 발행 |
| circulation | 판매부수 |
| readership | 독자수, 독자층 |
| press | 신문, 언론 |
| reporter | 기자 |
| journalism | 언론계, 저널리즘 |
| article | 기사 |
| feature | 특집기사 |
| obituary | 부고란 |
| gossip | (신문의) 가십란 |
| newsstand | 신문가판대 |

### TV / 라디오

| | |
|---|---|
| prime time | 황금 시간대 |
| radio broadcast | 라디오 방송 |
| broadcasting station | 방송국 |
| producer | 제작자 |
| rerun | 재방송 |
| commercial | 방송 광고 |
| shoot | 촬영하다 |
| censor | 검열하다 |
| satellite dish | 위성 안테나 |
| dub | 더빙하다 |
| cable channel | 유선방송채널 |
| real time | 실시간 |
| MC (= master of ceremonies) | 진행자 |
| viewer | 시청자 |

### 인터넷

| | |
|---|---|
| World Wide Web (= www) | 월드와이드웹 |
| e-commerce | 전자상거래 |
| e-learning | 온라인 학습 |
| e-book | 전자책 |
| e-ticket | 전자항공권 |
| messenger | 메신저 |
| password | 비밀번호 |
| transmit | 전송하다 |
| upload | 업로드하다 |
| online | 온라인의 |
| offline | 오프라인의 |
| hacker | 해커, 컴퓨터 불법 침입자 |
| netizen | 네티즌 |
| phishing | 피싱, 개인 정보를 알아내어 돈을 빼내는 범죄 |
| web surfing | 인터넷 서핑 |
| surf the Internet | 인터넷 서핑하다 |
| browse the Internet | 인터넷 서핑하다 |
| domain | (인터넷) 도메인 |
| bookmark | 즐겨찾기 |
| favorites | 즐겨찾기 |
| blog | 블로그 |

# 날씨 / 자연 / 환경

## 날씨

| | |
|---|---|
| weather forecast | 일기예보 |
| climate | 기후 |
| awful | 끔찍한, 지독한 |
| horrible | 지독한 |
| clear up | (날씨가) 개다 |
| sizzling | 매우 뜨거운 |
| hurricane | 허리케인, 태풍 |
| stormy | 폭풍우가 몰아치는 |
| drought | 가뭄 |
| frost | 서리 |
| melt | 녹다 |
| blizzard | 눈보라, 폭설 |
| snowflake | 눈송이 |
| muggy | 후덥지근한, 무더운 |
| sticky | 끈적거리는, 무더운 |
| thunder | 천둥 |
| lightning | 번개 |
| thunderbolt | 벼락 |
| snowstorm | 눈보라 |
| dust storm | 모래 바람 |
| landslide | 산사태 |
| tornado | 토네이도, 회오리바람 |
| tsunami | 지진해일, 쓰나미 |
| icy | 얼음이 덮인 |
| smoggy | 스모그가 많은 |

## 자연

| | |
|---|---|
| stream | 시내, 개울 |
| pond | 연못 |
| shore | 해안 |
| peninsula | 반도 |
| bay | 만 |
| gulf | 만 |
| cape | 곶 |
| sea level | 해수면 |
| canyon | 협곡 |
| mountain range | 산맥 |

## 동/식물

| | |
|---|---|
| mammal | 포유류 |
| reptile | 파충류 |
| amphibian | 양서류 |
| hibernate | 동면하다, 겨울잠 자다 |
| paw | (동물의) 발 |
| claw | (동물, 새의) 발톱 |
| tail | 꼬리 |
| wing | 날개 |
| nest | 둥지 |
| beak | 부리 |
| plant | 식물 |
| blossom | 꽃 |
| bud | 싹, 봉오리 |
| petal | 꽃잎 |

| | |
|---|---|
| thorn 가시 | **환경** |
| leaf 나뭇잎 (복수형 leaves) | population 인구 |
| stem 줄기 | pollution 오염, 공해 |
| root 뿌리 | barren 불모의, 황폐한 |
| branch 나뭇가지 | ozone layer 오존층 |
| bough 큰 나뭇가지 | destruction 파괴 |
| trunk 나무의 몸통 | waste disposal 폐기물 처리 |
| bark 나무 껍질 | emission 배기가스 |
| habitat 서식지 | sewage 하수, 오물 |
| predator 포식자, 포식동물 | ecosystem 생태계 |
| food chain 먹이 사슬 | acid rain 산성비 |
| prey 먹이, 사냥감 | alternative energy 대체에너지 |
| evolve 진화하다, 발전하다 | solar energy 태양에너지 |
| ape 유인원 | radioactive 방사능의 |